書下ろし

江戸・東京の「謎」を歩く

竹内正浩

祥伝社黄金文庫

はじめに――隠された歴史

東京では、さまざまなものが隠されてきた。ずっと隠されつづけてきた歴史といってもいい。

隠す、隠されるということでいえば、戦前は軍事機密がやたらと多かった。端的な例が、国土の六分の一を占めたという要塞地帯である。ここでは建物の新築などさまざまなことに制限が加えられたが、そのひとつに地図の描写もあった。要塞地帯の描写は、ほかの地域よりも曖昧なものとなったのである。要塞地帯には指定されていないが、東京の施設についても、皇族邸などは大正四年（一九一五）以降、地図では空白域とされ、国民の目からは隠された。さらに昭和十二年（一九三七）になると、軍用地や皇族邸、水道などのインフラ施設は、徹底的に地図から隠蔽され、公園などに偽装されていった。

戦後になると、今度は軍隊の存在そのものが隠されることになった。昭和二十九年（一九五四）に発足した自衛隊は、まぎれもない国軍であるにもかかわらず、その名称からして軍を排除し、歩兵を普通科、工兵を施設科とするなど、呼称を変えた。軍艦は護衛艦となり、戦車をかつて特車と言い換えたほど、「軍」「兵」「戦」の三文字に対する忌避意識が強かったのだ。連合軍に接収された軍用地のほとんどは昭和三十年代前半までに返還されたが、旧軍の遺構は隠され、やがて破壊されていった。

明治維新をきっかけに、信仰のかたちも隠された。神仏分離の名のもとに、祭神の変更が横行し、神廟から仏教色が排除されていった。典型的な例が神社（この名称も明治以前はなかった）にあった仏教の堂塔で、たとえば上野公園の五重塔を管理していたのは東照宮だったが、明治以降は寛永寺《かんえいじ》に変わっている。実質的に神社を管理していた別当寺《べっとうじ》も、廃されたり、住職が還俗して宮司になったり、神社との関係を絶たれたりした。

陰陽石をはじめとする、素朴でおおらかな信仰も、多くが隠されてしまった。今回紹介しようとした神社の中にも、陰陽石が御神体と聞いて出向いたものの、荘厳な社殿が建立されていて、御神体を拝むことはできなかったところがあった。参拝対象が、ありきたりの鏡に替えられてしまった可能性がある。

「死」もまた、人々の前から姿を消したもののひとつだろう。人が死を迎える場所はほとんどが病院となり、遺体は自宅に戻ることなく、そのまま、あるいはいったん冷凍保管されたのち葬儀場へと運ばれる。死者への悼みは完全に形式化され、焼香に並ぶ会葬者の列は、まるでキャッシュディスペンサーのそれを連想させる。

かつて高煙突から煙を立ち上らせていた火葬場から煙突は消え、現在ではロストル式（調理器具でおなじみのロースターのこと）という無煙無臭の都市ガス炉で火葬される。しかも、東京二十三区内からは「火葬場」も消滅した。要は言葉の綾だが、「斎場」「葬儀所」「葬祭場」といった火葬施設の言い換えが徹底されたのである。

「隠す」――それは江戸と東京の関係にもいえることかもしれない。江戸・東京は同じ都市でありながら、すっかり面目を一新して、まったく別の都市に生まれ変わったようにみえる。関東大震災と大東亜戦争の空襲で中心部のほとんどを焼失したこともあるが、けっしてそれだけではない。

慶応四年（一八六八）七月、朝廷は、江戸を東京（東京《とうけい》）に改称した。徳川幕府が営々と築いた江戸の町をまるで居抜きのように接収し、事実上新しい首都と定めた明治政府が、徹底した徳川隠しを行なったのである。

江戸城を皇居に使用し、やがて宮城《きゅうじょう》という名称に変えてしまったのをはじめ、空き家となった大名屋敷についても、当初こそ桑畑や茶畑に還元しようとしたが、すぐに新政府の用地とすべく、積極的な置き換えを実施していった。二重橋の景色は皇室の象徴的風景として記憶され、そこに徳川将軍家の居城である江戸城だった歴史が入る余地はどこにもない。将軍のお膝元から帝都への露骨な衣替えである。薩長が牛耳る世の中となって、徳川様の肩身はすっかり狭くなった。広大な面積を占めていた将軍菩提寺の上野寛永寺と芝《しば》増上寺《ぞうじょうじ》は公園化され、聖俗ともに江戸時代の権威は失われた。権現様と崇め奉られた徳川家康の事績は貶められ、狸親父のイメージばかりが植え付けられていった。

だが、帝都東京の原点はまぎれもなく江戸である。町の基本構造は、驚くほど江戸を踏襲しているのだ。二百年近く前に発行された切絵図（市街地図）を持って都心を歩くことができるのがその証拠である。

筆者は、毎日のように東京を歩いている。今年の夏から秋にかけては、隠されてしまったものの謎を解くべく意識的に歩いた。知っている町でも、いざテーマを決めて調べると、そこにはまったく違った姿が立ち現れる。何度訪ねたところでも、新しい発見がある。飽きない。楽しい反面、困ったことがある。いつまでも終わりがないからだ。それではしかたないので、十話揃ったところで本を編むことにした。

配列は時代ごととした。重なっている時代も多いのだが、違和感のないように掲載したつもりである。なお、本文の写真はすべて筆者の撮影である。

目次

第一話　江戸の京都を探訪する

第二話　下町の現世利益神とパワースポット

第三話　江戸の富士山の秘密

第四話　江戸・東京の怨霊を追う

第五話　新旧世俗の塔の謎

第八話　地図の空白域を歩く

第九話　江戸・東京の刑場を探る

第十話 都心の鉄道廃駅紀行

本文写真／竹内正浩
本文装丁／中原達治
図版作成／J－ART

【第一話】

江戸の京都を探訪する

家康の入府時は人口数万人の田舎町

徳川家康《いえやす》が幕府を開いた当初、江戸は全国どこにでもある田舎町のひとつだった。都区部の人口だけで約九百万もの人々が暮らす現代からみれば想像しがたい話だが、家康が江戸に入府した天正十八年（一五九〇）の江戸の人口は、徳川家臣団を含めても、せいぜい数万程度。しかも、家康自身、江戸に腰を落ち着ける間もなく、豊臣秀吉《とよとみひでよし》の命で大坂や肥《ひ》前名護屋《ぜんなごや》に詰めることが多かった。そのため、江戸の城下町整備はなおざりになっていたのである。のちに世界一の都市に発展するといったことは、家康自身も含め、まったくの想定外であった。

豊臣家が大坂城に健在な間、依然として歴史は畿内を中心に回っていた。しかし大坂夏の陣で豊臣家が滅ぶと、征夷大将軍が在城する江戸は、日本の総城下町として求心力を高め、天下普請によって大拡張が行なわれていった。いわば江戸が歴史の主役に躍り出たのである。そうした中、武士だけではなく、職人や商人なども江戸に移り住む。新興都市江戸の人口は急増し、たちまち十数万の人が暮らす町へと変貌を遂げていった。

権力者の聖地であり庶民の遊興地だった上野

　江戸の町造りが一応落ち着いた寛永《かんえい》年間（一六二四〜四四）、将軍も三代目の徳川家光《いえみつ》に替わっていた。江戸で生まれ、江戸で育った初めての将軍である。寛永二年（一六二五）には、幕府の宗教政策全般に権勢を振るっていた天海《てんかい》の求めに従い、上野の山に天台宗の寛永寺本坊が建立され、徳川将軍家の祈願寺として壮大な伽藍《がらん》が整備されていった。

　もともと上野は聖地としての性格を古くから備えていた。たとえば、上野には摺鉢山《すりばちやま》古墳はじめいくつもの前方後円墳が築かれていたが、最近の研究では、前方後円墳は単なる首長墓ではなく、権力のシンボルとしての意味合いが強いと考えられているのだ。

　興味深いのは、徳川将軍家の菩提寺である芝増上寺にも、芝丸山《まるやま》古墳という前方後円墳が存在したことである。将軍が葬られた上野寛永寺と芝増上寺に古代の前方後円墳が築かれていたという事実は、両者の土地が、古くから聖地としての意味を帯びていたとも考えられるのである。

　さらに摺鉢山の上には、大昔から日本　武　尊《やまとたけるのみこと》ゆかりの五條天神社が祀《まつ》られていた。江戸幕府が開かれた直後、上野の丘には藤堂《とうどう》家・堀《ほり》家・津軽《つがる》家などの下屋敷が置かれたが、それらを移して、寛永寺の広大な寺地を確保したのである。東叡山《とうえいざん》という山号が意味するように、上野の寛永寺は、京都鎮護の比叡山延暦寺《ひえいざんえんりやくじ》と同等の存在を目指していた。

上野という土地がユニークだったのは、将軍家の祈願寺という権威の象徴というだけでなく、庶民の遊興地という一面を兼ね備えていたことであった。根本中堂《こんぽんちゆうどう》など七堂伽藍を誇った寛永寺の境内には、創建当初から桜が植樹され、ほどなく江戸随一の桜の名所となった。

そして、清水寺《きよみずでら》を模した清水観音堂をはじめ、琵琶湖と竹生島《ちくぶしま》を模した不忍池《しのばずのいけ》と弁天堂など、京都そっくりの名所がこしらえられたのである。清水観音堂が建立されたのは寛永八年（一六三一）、弁天堂も同じころの創建である。京都の模倣はそれだけにとどまらなかった。上野には大仏も建立された。当時は京都の方広寺《ほうこうじ》と東福寺《とうふくじ》に大仏があり、これも京都を意識した演出だったといえるだろう。

上野にも大仏があった

さて、予習はこのくらいにして、実際に上野に行ってみよう。現在の上野公園へは大部分の人がJR上野駅の公園口から入るが、本来の入り口は南の上野広小路側からであった。石段を上り、彰義隊《しようぎたい》の墓を過ぎると、ほどなく朱塗りの柱が鮮やかな清水観音堂に出

国の重要文化財に指定されている清水観音堂

不忍池と弁天堂

る。当初、清水観音堂は、五條天神社を移転させて、摺鉢山の上に建立された。

しかし、元禄十一年（一六九八）の火災で焼け、現在の上野台地の西斜面に移った。建造も清水寺に比べればずっと控えめであるが、それでも江戸庶民にとっては物珍しく、京都観光気分を充分満足させるものだったろう。かつては京都の清水寺と同じく、眼下に不忍池、さらに江戸を一望できたのである。清水観音堂の本尊は、京都の清水寺から天海に譲られた、恵心僧都源信《えしんそうずげんしん》作と伝わる千手観音だった。

観音堂の近くには、比叡山の鎮守でもあった山王権現《さんのうごんげん》を勧請した壮麗な山王社があった。これも京都趣味のひとつだろう。だが、山王社は何の痕跡も残っていない。幕末の上野戦争で荒廃し、さらに明治維新時の神仏分離令で取り壊されたからだ。代わりに現在は西郷隆盛《さいごうたかもり》像が建っている。

清水観音堂の北には、通称大仏山がある。現在山上にはパゴダ（仏塔）が建立されているが、江戸時代、この場所に大仏殿が建立されていた。大仏と大仏殿を寄進したのは、かつて上野に下屋敷のあった越後村上藩主の堀家である。堀家はこのほか牛頭天王《ごずてんのう》を祀る祇《ぎ》園堂《おんどう》も寄進している。こちらも京都の祇園社（八坂神社）を多分に意識したものだったが、今はない。

上野の大仏は何度か壊れたが、そのたびに堀家が改鋳している。大仏と大仏殿は上野戦争の戦禍を免《まぬか》れたが、明治六年（一八七三）の上野公園開園時に、老朽化という理由で大仏殿は除かれ、大仏は露座となった。明治半ばには、困窮した堀家が大仏の所有権を主張し、寛永寺と裁判で争ったこともあった。結局寛永寺のものということで決着がついたらしい。

しかし今、大仏山にパゴダはあっても大仏はない。あるのは長さ一メートル余りのお顔だけだ。露座の大仏は、大正十二年（一九二三）の関東大震災で頭が落ちてしまったのである。それればかりか、戦時中の金属回収令で体と頭は供出させられてしまった。顔だけが供出を免れたのは、寛永寺の僧侶が欅《けやき》の大木にくくりつけて隠しとおしたからである。他日の大仏再建のためだったという。今、顔だけになった上野大仏は、「これ以上落ちない」ことから、合格大仏として受験生に人気だそうで、大仏山の上には売店まである。覗いてみると、お守りや合格鉛筆が売られていた。さて御利益やいかに。

上野公園の中心地にあるのが大噴水である。現在は整備工事中だが、このあたりは古くから「竹の台《うてな》」といわれ、上野戦争までは比叡山の根本中堂と同規模の壮大な根本中堂が鎮座していた。ここを竹の台というのは、慈覚大師円仁《じかくだいしえんにん》が宋の五台山《ごだいさん》から持ち帰ったと伝わる比叡山の根本中堂の竹を移植したことにちなんでいる。ここにも京都との深いつながりがかいま見える。

上野の山の西にはいわずとしれた不忍池がある。このあたりはもともと沼沢地だったらしいが、池の名が文献に登場するのは江戸時代に入ってからである。不忍という名は、上野が忍ケ丘《しのぶがおか》といわれたことにちなむといわれる。池の中央に竹生島に見立てた人工の島を築かせ、弁天堂を勧請したのも天海であった。琵琶湖に浮かぶ竹生島同様、当初は小舟で渡るほかなかったが、寛文年間（一六六一～七二）に橋が架けられ、誰でも参詣できるようになった。弁天堂は空襲で焼失したが、昭和三十三年（一九五八）に再建。本尊は竹生島の宝厳寺から招来した八臂大弁財天《はっぴだいべんざいてん》である。

上野と不忍池は、手軽に京都近辺の物見遊山気分を味わえるテーマパークだった。池のほとりには出合茶屋《であいぢゃや》（今でいえばラブホテル）が建ち並び、町人ばかりか、身分を隠した武士も通ったという。

深川の千手観音と三十三間堂

京都趣味は、上野だけにとどまらなかった。江戸の東の深川には、千手観音を安置した

相殿には菅原道真公も祀られている五條天神社

顔だけが残った上野大仏

三十三間堂《さんじゆうさんげんどう》があった。江戸の三十三間堂は、寛永十九年（一六四二）に浅草に創建されたが、元禄十四年（一七〇一）に深川に移転した。南北六十六間、東西四間というから、堂宇の長さは約百二十メートルあったことになる。これは本家の国宝三十三間堂とほぼ等しい。同じなのは堂の大きさだけではなかった。京都と同じく、通し矢が名物だったというから恐れ入る。明治から昭和初期まで存続した旧町名の深川数矢町《かずやちよう》（現江東区富岡《とみおか》二丁目）は、三十三間堂の通し矢にちなんだものである。

この三十三間堂は、老朽化を理由に明治維新後の明治五年（一八七二）に解体され、本尊は別の寺に遷《うつ》された。跡地は公営の深川墓地となった。当時の地図には、細長い形をした墓地の姿を確認できる。しかし明治半ばには墓地も廃され、現在はまったく普通の町に埋没している。「三十三間堂跡」と刻まれた石碑が富岡八幡宮《とみおかはちまんぐう》の東の通りに建つのが、唯一の痕跡である。事務所や住宅が建ち並ぶ静かな一角に巨大なお堂があったとは信じがたい。

このほかにも京都を意識した名所は江戸に多数あった。もとは桜田の山と呼ばれていた芝の愛宕山《あたごやま》は、火防《ひぶせ》や武神として名高い京都の愛宕権現を勧請したもので、家康が信仰した勝軍《しようぐん》地蔵が祀られていた。もっとも、京都の愛宕山は登拝に数時間を要する標高九百

京都の愛宕権現を勧請した愛宕神社

千手観音も安置されていた深川の三十三間堂跡

二十四メートルの深い山だが、江戸の愛宕山は標高わずか二十六メートルの小山である。
水戸藩上屋敷の後楽園《こうらくえん》は、徳川光圀《みつくに》ゆかりの庭園で、光圀が凝った中国趣味が随所に見られることで知られるが、ここにも京都に見立てた旧跡が点在する。庭園の西側には大堰《おおい》川《がわ》が流れ、渡月橋《とげつきょう》が架かる。まさしく嵐山《あらしやま》の風景である。しかもこの一角には、上野と同じく清水観音堂まで建立されていたというのだ。

それにしても、ここまで京都を模倣した江戸幕府は、圧倒的な権力を手中にしてもなお、やはり京都に対するコンプレックスは解消できなかったのだろう。そして、朝廷を禁《きん》中並公家《ちゅうならびにくげ》諸法度《しょはっと》でがんじがらめに縛り、いかに弱体化させたとしても、征夷大将軍という地位の正統性を朝廷に求めた出発点からして、権威という点では朝廷にかなわないパラドックスを抱えていた。王政復古はいわば必然であったのかもしれない。

上野大仏
清水観音堂
不忍池
後楽園
三十三間堂跡
愛宕山
文京区
台東区
千代田区
中央区
江東区
上野公園
皇居
浜離宮恩賜庭園
芝公園
東京港
旧白山通り
本郷通り
尾竹橋通り
尾久橋通り
昭和通り
春日通り
江戸通り
三ツ目通り
清洲橋通り
蔵前橋通り
靖国通り
総武本線
首都高速7号小松川線
清澄通り
中央通り
首都高速9号深川線
永代通り
葛西橋通り
日比谷線
京葉線
晴海通り
三ノ輪
日暮里
千駄木
本駒込
鶯谷
入谷
白山
東大前
根津
上野
浅草
稲荷町
田原町
京成上野
春日
後楽園
本郷三丁目
御徒町
新御徒町
仲御徒町
末広町
蔵前
水道橋
飯田橋
御茶ノ水
浅草橋
両国
神保町
九段下
秋葉原
竹橋
神田
小伝馬町
浜町
森下
菊川
大手町
三越前
人形町
水天宮前
清澄白河
東京
日本橋
茅場町
京橋
桜田門
国会議事堂前
有楽町
霞ケ関
銀座一丁目
八丁堀
虎ノ門
銀座
東銀座
門前仲町
木場
築地
越中島
新橋
月島
汐留
築地市場
御成門
神谷町
勝どき
豊洲
大門
浜松町
竹芝
赤羽橋
芝公園

【第二話】

下町の現世利益神とパワースポット

江戸の二大パワースポット上野と浅草

昔も今も、下谷《したや》・浅草（台東区）界隈《かいわい》の大寺といえば、上野の東叡山寛永寺と浅草の金龍山浅草寺《きんりゅうざんせんそうじ》といって、まず異論はあるまい。この二寺はどちらも同じ天台宗である。しかし、徳川将軍家の祈願寺として江戸初期に創建された東叡山と、江戸最古の寺で大昔から庶民が御利益を求めてつめかけた浅草観音とは、もとから性格が正反対だった。水と油なのだ。宮様が法親王《ほっしんのう》を務める寛永寺は敷居が高い。庶民はもっぱら浅草観音に詣《もう》で、現世利益を求めた。

いつ詣でても香煙の絶えない浅草寺境内。本堂前の香炉は、香煙を体の悪いところにさする風景でおなじみだ。古くから見慣れたこの風景、最近は外国人の姿も目立つ。しかし浅草寺の面白さは、仲見世と観音様の本堂だけではわからない。境内をくまなくめぐってこそほんとうの浅草寺が楽しめるのだ。

今でこそずいぶんきれいに整備されてしまったが、浅草寺の境内には、商売繁盛、縁結び、金運、火防、歯痛、はしか、婦人病といった、さまざまな悩みを解決し、御利益を約束する神仏がひしめきあっていた。医学や科学の発達していなかった当時の人々は、最後は神仏にすがるほかなかった。だから、専門医、カウンセラーのように善男善女の悩みを聞き届ける神仏の存在は、現代とは比べものにならぬほど有難かった。浅草寺が人気を集めるのも当然だった。

辻斬りが懺悔のために建てたお堂

御利益が生まれるきっかけも面白い。たとえば宝蔵門《ほうぞうもん》（旧仁王門）の南東（手前右側）に鎮座する久米平内《くめのへいない》堂は、縁結びの霊験あらたかとされるが、もともとこの神様、縁結びとはなんら関係なかった。辻斬りをしていた久米平内という浪人が、みずからの罪を悔い、その供養のために座禅の行に励み、さらには自分に似せた座禅の石像を刻ませて、自分の犯した罪を償うためにこの像を人通りの多い浅草寺の仁王門の下に埋め、多くの人に踏みつけさせて滅罪の供養をした。その石像を祀る小堂なのである。それがなぜ縁結びなのか。「踏みつけ」が「文付け」に転じ、縁結びの神として庶民の信仰を集めるにいたったのである。一事が万事この調子であった。

浅草神社裏手にある被官稲荷《ひかんいなり》神社は、新門辰五郎《しんもんたつごろう》が伏見から勧請した稲荷大明神だが、いつしか仕官の神様ということになった。江戸っ子が「ひ」と「し」を区別できないところから被官が仕官になったともいう。このほかにも、浅草寺界隈には、「鎮護大使者」「銭塚地蔵」「かんかん地蔵」「加頭《かとう》地蔵」など、名前を聞くだけで縁起を知りたくなってしまう神仏は多い。実際、こじつけや語呂合わせとしか思えない縁起も少なくなかった。

たとえば、明治維新まで浅草神社裏にあった人丸社《ひとまるしゃ》は、火防の神として信仰を集めた。人丸社の祭神は万葉歌人の柿本人麻呂《かきのもとのひとまろ》であるが、人丸社の「人丸」が、「火止まる」という語呂合わせで、いつしか火防の神とされたのである。現在残念ながら人丸社はないが、この祠《ほこら》をしのぶものとして、浅草神社の鳥居近くに歌碑が残る。文化十三年（一八一六）、吉原の遊女だった粧太夫《よそおいだゆう》が、「ほのぼのと明石《あかし》の浦の朝霧に島かくれゆく船をしぞ思う」という人麻呂の歌を、万葉仮名でみずから揮毫《きごう》して、人丸社に奉納した歌碑である。

こうした庶民の身近な神仏は、浅草寺だけにかぎらなかった。浅草寺が火付け役になったかどうかは知らぬが、個別の御利益に特化して〝卓効〟があるとされた神様が、下町には多数ひしめいていた。浅草の観音様が、なんでも御利益のある「百貨店」なら、さしずめ「専門店」とでもいうべき小さな神々。なぜ御利益は生まれたのか。その謎を探るべく下町を訪ねた。

久米平内堂（浅草寺境内）

被官稲荷（浅草神社境内）

痔の平癒に卓効ある祠

まずは痔《じ》の神様。台東区清川一丁目の本性寺《ほんしょうじ》にある「秋山自雲霊神《しゅうざんじうんれいじん》」は、その筋には全国的に知られた神様である。まず縁起が面白い。霊岸島《れいがんじま》の酒問屋の主、岡田孫右衛門《おかだまごえもん》はひどい痔に悩まされていた。さまざまな治療法を試しても治らず、とうとう本性寺で出家して秋山自雲という法名を得る。題目堂に籠り、法華経を唱えて平癒を祈願したもののついに叶わず、延享元年（一七四四）に死去。臨終に際し、「信仰すれば痔に苦しむ者に利益をもたらす」と言い残した。

その後、痔を患う孫右衛門の友人が完治したことから、霊神の評判は大きくなり、秋山自雲は、江戸のみならず、全国各地の日蓮宗のお寺に分骨されるなどして、信仰されるようになったのである。死後八十年余り経った天保二年（一八三一）には、尾張徳川家の殿様の痔が平癒したことから、「功雄霊神」の名を賜るまでに〝出世〟している。

本性寺は、今戸《いまど》二丁目交差点の近くにある。門前には、「秋山自雲墓在當寺」と刻まれた古びた石碑が建つ。脇には「寶暦壬申之冬」とあるから、碑の建立は宝暦二年（一七五二）の冬。岡田孫右衛門（秋山自雲）没後八年ということになる。縁起はウソではなかった。早い時期からよほど人気を集めたことがうかがえる。しかもその後、京都や大坂とい

粧太夫が寄進した歌碑（浅草神社）

痔に悩む人々が今も参拝する秋山自雲霊神（本性寺）

った大都市のみならず、飛騨高山など日本各地に祀られたところを見ると、江戸時代の日本人は、酷い痔に苦しんでいた人が少なくなかったのだろう。当時の人々に、洋式便器とウォシュレットをプレゼントしたい気になる。

神様、とはいっても実在した人物だから、なんといっても本人の遺骨の納められた墓が、一番卓効がある。秋山自雲の墓は、境内を入ってすぐ左側に安置されていた。大きな自然石には、「賜諡　秋山自雲位　功雄霊神」と刻まれている。墓石よりも大きな、手水《ちょうず》鉢《ばち》を思わせるその前の灯明台に、人気の高さを感じてしまう。その左脇には小さな墓石があり、こちらには「秋山自雲」という文字だけ刻んであった。おそらくこちらが当初の墓石だったのだろう。秋山自雲の冥福を祈りつつ、痔になりませんようにと、墓に手を合わせた。

作家の池波正太郎《いけなみしょうたろう》は、「剣客商売」シリーズに浅草の本性寺を登場させている。主人公の老剣客、秋山小兵衛の亡妻お貞と、同門の剣客であった嶋岡礼蔵の墓所があるという設定である。浅草生まれの池波はこのあたりに土地勘があったはずで、わざわざ本性寺を登場させたのには、もしかしたら門前の「秋山自雲墓在當寺」の碑を見たことがあったのかもしれない。もっとも秋山自雲の「秋山」は、「あきやま」ではなく「しゅうざん」と読むのだが。

招き猫と沖田総司

その池波正太郎が生まれたのは浅草区聖天町《しょうでんちょう》（現台東区浅草六丁目）の横丁だった。待乳山《まつちやま》聖天《しょうでん》のお膝元である。待乳山聖天こと本龍院は、隅田川べりに位置する標高九・八メートルの小さな自然の丘「待乳山」に建つ。寺の縁起では、推古《すいこ》天皇三年（五九五）、浅草寺観世音出現の瑞兆として一夜のうちに現出した霊山で、そのとき金龍が舞い降り、この山を守護したことから金龍山と号するようになった。六年後に大干ばつに見舞われたときは、十一面観音が大聖歓喜尊天として出現し、人々を救ったといわれている。ただ、実際には、待乳山はもともと本郷台から続く台地の一部で、現在より入り込んでいた海の激しい浸食により削られて、待乳山の部分だけが残ったものらしい。江戸時代には、隅田川を見渡す絶佳の眺望が楽しめたことから、東都随一の眺望の名所と称賛され、歌川広重ら多くの絵師が錦絵に描いている。

震災と戦災に見舞われたため、唯一の江戸時代の名残である築地塀以外は戦後の再建だ。本堂は昭和三十八年（一九六三）の建立である。いつも大根が供えられているのは、大根が聖天に欠かせない供物だからである。待乳山聖天では、毎年一月七日、正月中にお供えされた大根を調理した風呂吹き大根を振る舞う「大根まつり」が行なわれ、狭い境内は参詣者で大賑《にぎ》わいとなる。私が参詣したときも、お堂の脇には、スーパーの袋に入った供物のお下がりの大根が配られていた。

待乳山聖天で目立つのは、二股大根と巾着である。本堂の蟇股《かえるまた》、階段手すりの戸袋石、天水受けなど、境内のいたるところに二股大根と巾着の文様がちりばめられているのだ。

肝心の御利益だが、待乳山聖天によれば、「大根は身体を丈夫にしていただき、良縁を成就し、夫婦仲良く末永く一家の和合を御加護頂ける功徳を表し、巾着は財宝で商売繁盛を表し、聖天さまの信仰のご利益の大きいことを示されたもの」だという。

聖天様がなぜ大根や巾着と結びついたのか。これは聖天（象の姿をしている）の象徴でもある象の牙と、聖天が好むとされる「歓喜団《かんきだん》」という菓子が、それぞれ変化したものらしい。だが、もっと素朴に考えれば、大根と巾着の形は、陽と陰、つまり男女の性器を連想させる。それゆえ、夫婦和合が御利益というのもうなずける話なのだ。ただ、待乳山聖天の場合、二股大根を組み合わせた紋は、それだけでも夫婦和合を思わせる艶《なま》めかしい意

待乳山聖天の二股大根

今戸神社は招き猫の発祥の地ともいわれる

匠に見えるのだ。考えすぎだろうか。

近くの今戸一丁目にある今戸神社は、招き猫発祥の地のひとつといわれる古社である。神社は康平六年（一〇六三）、源頼義《みなもとのよりよし》・義家《よしいえ》父子が京都の石清水《いわしみず》八幡を勧請したことにはじまる。人形としての招き猫は、十六世紀から今戸の地で焼かれていた今戸焼が始まりという。伝承では、江戸末期、浅草に住む老婆が、貧しさゆえに愛猫を手放したところ、夢枕にその猫が立ち、「自分の姿を人形にしたら福徳を授かる」と言ったので、老婆が横向きで片手を挙げた人形を作り、浅草寺の参道で売り出してみたら評判をとった。これが招き猫の始まりというのだ。

拝殿では二体の大きな招き猫が迎えてくれるほか、ペアの招き猫の絵馬など、境内は招き猫だらけ。お守り袋にもペアの招き猫が描かれている。神社の御利益はやはり良縁がトップ。境内にカップルは少なく、なぜか女性二人の参拝者がほとんどだった。縁起物の招き猫（今戸焼）は、二体がひとつになった非常に愛らしいものだが、職人が二人だけのため、入荷未定なのが残念。以前、二百個の頒布を予告したところ、午前四時から行列ができてしまい、午前九時の頒布開始時間に来た人まで行き渡らなかった。これに懲りた神社は、予告するのをやめたとのことだ。

境内に「今戸焼発祥之地」碑と並んで、「沖田総司終焉之地《おきたそうじ》」の石碑が建つのが意外だが、薩長主体の官軍の江戸入りに際し、和泉橋《いずみばし》の松本良順《まつもとりようじゆん》の医学所で治療を受けていた患者たちがここに収容されたとのこと。その中に新選組の沖田総司がいたというのだ。沖田の肺病はかなり悪化しており、今戸で没したとされている。

狐を祀る神社のライオン像の不思議

待乳山聖天や今戸神社とは隅田川を隔てて向かい合う神社が、墨田区向島《むこうじま》の三囲《みめぐり》神社である。もともとは現在の鎮座地より北に田中稲荷として創建されたが、改築しようとした際、土中より白狐にまたがる老翁の像が出土。白狐が現れて神像を三回回ったことから三囲神社と改称したという。御利益は「商売繁盛」といたって平凡だが、江戸に進出して越後屋呉服店を創業した三井家が守護神として崇敬したことから、その効能はお墨付きだ。三越の各店にも三囲神社の分霊が祀られているという。

境内で目を引くのは、いわくありげなライオン像。じつはこれ、平成二十一年（二〇〇九）まで池袋三越の入り口に設置されていたもので、池袋三越の閉店にともない、三越から奉納されている。三井家との縁の深さを実感できるライオン像は、一見の価値がある。

稲荷系らしく、社殿前に鎮座するのは「三囲のコンコンさん」。享和二年（一八〇二）に奉納されたもので、微笑《ほほえ》んでいる柔和な狐の顔を見ると、こちらも目尻がゆるむ。

同じ墨田区の太平《たいへい》には、たんぼとけ霊場として知られる千栄院《せんえいいん》がある。「たんぼとけ」という名にふさわしく痰《たん》の病気に霊験があるとされ、信仰を集めてきた。たかが痰で、といわれそうだが、痰の病気には喘息や結核など多数の呼吸器疾患があり、昔も今も命にかかわる病気だった。それだけに信仰も切実だったのである。

いわれは痔の神様の秋山自雲と似ている。痰に苦しんでいた久七という男が、死にあたって痰の病に苦しむ者を救済すると言い残した。その後、痰の病に苦しむ人が卒塔婆を立てて供養したところ全快し、たちまち評判を呼んだのである。久七の戒名が道晴信士だったことから、痰病守護道晴尊として祀られ、本堂には道晴尊の木像（座像）が大切に祀られており、拝観の際は寺に申し出る。

墨田区向島にある黄檗《おうばく》宗の弘福寺《こうふくじ》にも、風邪除けの信仰を集める咳の爺婆《じじばば》（翁媼尊）が祀られている。こちらも、もとは咳の神様として信仰されていたものである。この爺婆は仲が悪く、願掛けのときにはまず婆様に咳を治してくださいと祈り、次に爺様に向かい、

もとは池袋三越にあったライオン像（三囲神社）

笑う狐、コンコンさん（三囲神社）

婆様だけではおぼつかないからなにぶんよろしくと拝むと霊験が増すとされた。この伝承ひとつとっても江戸庶民の息づかいが聞こえる気がする。

おまねぎ堂の珍しいご神体

日暮里《にっぽり》と西日暮里の間の寺町、西日暮里三丁目にある南泉寺《なんせんじ》の境内右手奥に、木造の古びた小さなお堂がある。これが「おまねぎ堂」である。堂内には、左に男根、右に女陰、中央に肛門（尻）をそれぞれかたどった石が三体祀られている（堂内拝観不可）。男女の性器をかたどった石は多いが、肛門というのはあまり見ない。男女の性器ははっきりわかるが、肛門石は一見するとハートマークのようにも見える。

おまねぎ堂は招福退禍に霊験があるとされ、かつては寺で守り札を受け、塩を供えて全勝陀羅尼《だらに》を唱え、供えた塩を持ち帰り家の門口に撒《ま》くという風習があったという。ただ、「おまねぎ堂」（お招き堂）という商売繁盛を願ったような名と、堂内の陰陽石を考え合わせると、近くの芸者衆が信仰していたのかもしれない。

上野のお山の一角に古くから鎮座するのが、花園《はなぞの》稲荷神社である。もとの名を忍岡稲荷といった。いわゆる上野戦争では、彰義隊が社殿に立てこもったため、新政府軍との間で

「たんぼとけ」の門前の碑

ご神体が珍しい「おまねぎ堂」

激戦となり、社殿は失われた。明治に入って少し離れた場所に花園稲荷は再興されたが、旧社殿跡も信仰を集めている。それは、旧社殿跡に〝お穴様〟と呼ばれる岩穴があるためだ。稲荷らしく狐とからめて縁起が語られるが、安産、縁談、商談の神というのは、やはり「穴」が関係しているのであろう。

庶民信仰に陰陽石は欠かせない存在であった。葛飾区四つ木にある白髭《しらひげ》神社の御神体のひとつも男根形の陽石だという。明治以前は客人大権現《まろうどだいごんげん》と称し、子授けと花柳病に霊験あらたかな人気神であった。十九世紀初めの文化文政期、吉原、深川、千住の遊女や花柳界の女性たちから篤く信仰され、もっとも繁盛したという。そうした背景には、六代将軍徳川家宣《いえのぶ》に寵愛された月光院《げっこういん》が客人大権現を拝んだところ、七代将軍家継を身ごもったという霊験譚が広まったことも寄与したらしい。

最後に紹介するのが、同じ葛飾区の立石《たていし》にある五方山《ごぼうざん》熊野神社（立石熊野神社）だ。五方山という名のとおり、境内は一辺三十間（約五十五メートル）の正五角形をしているのである。神紋は、五角形の中に八咫烏《やたがらす》のいる意匠。五角形ときいて、陰陽道《おんみょうどう》と五芒星《ごぼうせい》で知られた安倍晴明《あべのせいめい》を思い出す人もいるかもしれない。そう、この神社は、東京で唯一、陰陽師安倍晴明ゆかりの古社なのである。

赤鳥居が並ぶ花園稲荷の参道

花園稲荷近くにあるお穴様

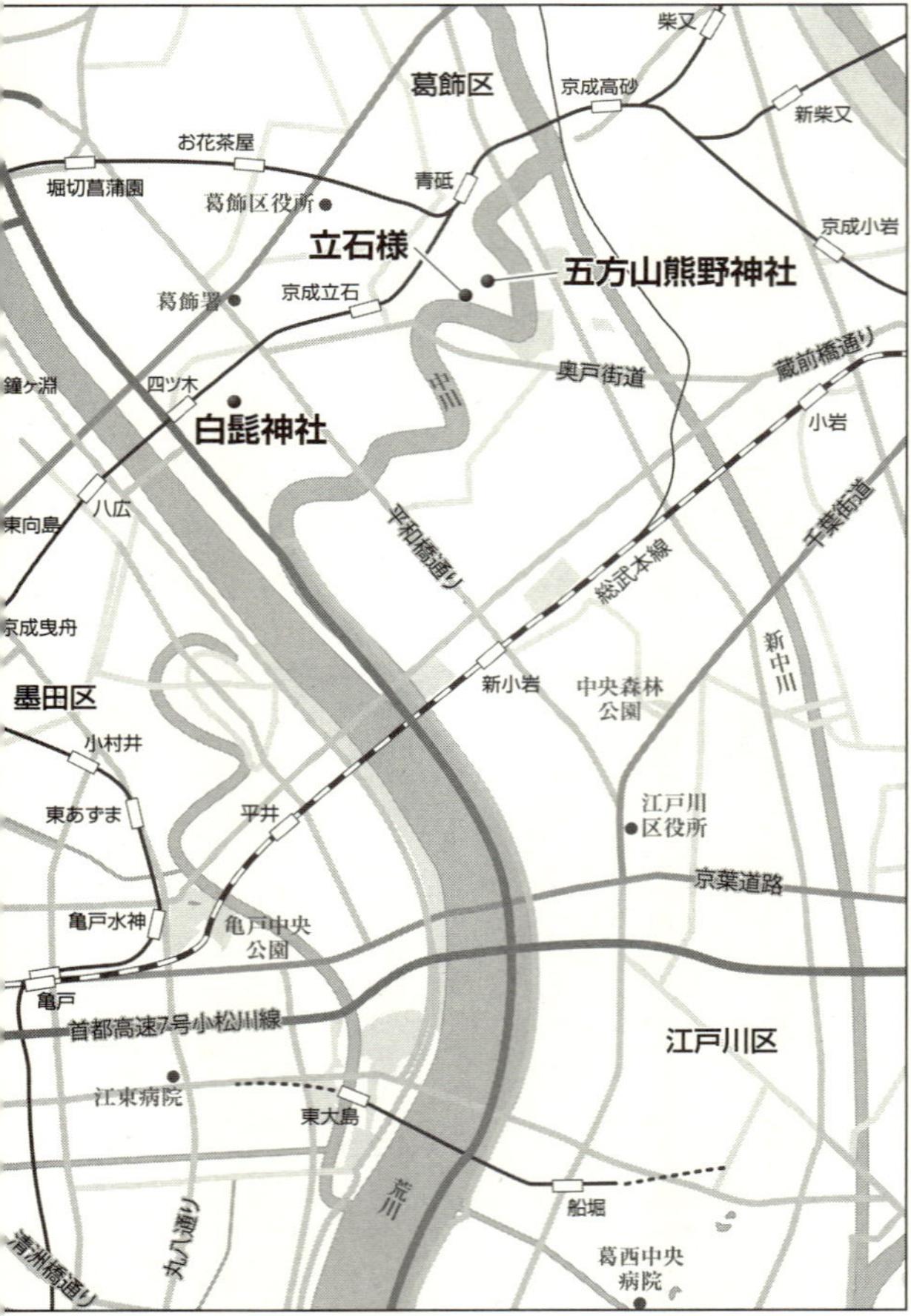
柴又
葛飾区
京成高砂
新柴又
お花茶屋
堀切菖蒲園
青砥
葛飾区役所
京成小岩
立石様
五方山熊野神社
葛飾署
京成立石
蔵前橋通り
奥戸街道
中川
鐘ヶ淵
四ツ木
白髭神社
小岩
千葉街道
東向島
八広
平和橋通り
総武本線
京成曳舟
新中川
新小岩
中央森林
公園
墨田区
小村井
東あずま
平井
江戸川
区役所
京葉道路
亀戸水神
亀戸中央
公園
亀戸
首都高速7号小松川線
江戸川区
江東病院
東大島
荒川
船堀
葛西中央
病院
清洲橋通り
丸八通り

足立小台
勝楽堂病院
荒川車庫前
小台
熊野前
尾竹橋通り
北千住
尾久
東尾久
牛田
町屋
赤土小学校前
千住大橋
堀切
荒川二丁目
隅田川
新三河島
駒込
田端
荒川区役所前
荒川一中前
南千住
西日暮里
三河島
常磐線
駒込病院
日暮里
南泉寺
昭和通り
本性寺
旧白山通り
日本医大病院
今戸神社
白山通り
鶯谷
待乳山聖天
寛永寺
弘福寺
言問通り
文京区
上野動物園
台東区
上野
浅草寺
三囲神社
本郷通り
台東区役所
浅草
花園稲荷
春日通り
墨田区役所
業平橋
御徒町
春日通り
千栄院
中央通り
水道橋
湯島聖堂
江戸通り
蔵前橋通り
御茶ノ水
秋葉原
浅草橋
両国
京葉道路
神田
新大橋通り
千代田区
久松署
皇居
内堀通り
中央通り
東京
首都高速9号深川線

社伝によれば、長保年間（九九九〜一〇〇三）、安倍晴明が熊野三社権現を勧請する旅の途中、この地を清浄なる聖地として選定し、神代の石剣を御神体としたものだという。江戸時代には三代将軍の徳川家光が鷹狩りの途次に参詣したほか、八代将軍吉宗《よしむね》以降は御膳所として休息することが通例となった。陰陽師人気もてつだい、現在では、立石という地名のもとになった近くの「立石様」（立石八丁目）とともに、パワースポットとして、知る人ぞ知る存在。それにしても関東にまで安倍晴明が出現したとは、驚きである。おそるべし陰陽師安倍晴明。

【第三話】

江戸の富士山の秘密

江戸にもあった百以上の「富士山」

世界文化遺産への登録が取りざたされている富士山。富士山は静岡県と山梨県に位置している。常識だ。ところで、江戸にも百以上の〝富士〟があったことをご存知だろうか。といっても、全国各地に三百以上あるといわれる、「蝦夷《えぞ》富士（羊蹄山《ようていざん》）」「津軽富士（岩《いわ》木山《きさん》）」「薩摩《さつま》富士（開聞岳《かいもんだけ》）」など、山容の似た〝ご当地富士山〟とは異なる。だいいち江戸に「山」などいくつもない。では、江戸の富士山とは何なのだろう。

富士山が世界自然遺産ではなく世界文化遺産を目指しているのは、古くから信仰の山だったからである。富士山への信仰というのは、どうやら太古の昔からあったようなのだ。東海大学の北條芳隆《ほうじょうよしたか》教授の研究によれば、さきたま古墳群の前方後円墳のいくつかは、あきらかに富士山の方を向いて築造されているという。富士山は古代の人々をも虜《とりこ》にし、神秘的な存在だったのである。

富士信仰としてもっとも有名なのが、駿河国一宮之富士山本宮浅間《せんげん》大社である。本宮は富士宮市に鎮座しているが、奥宮は富士山そのものである。現在、全国に浅間神社は千三百余りあるといわれるが、その多くが富士山を取り巻くように分布しているという。

関東各地からも富士山はきれいに望めた。晴れていれば一年中見えた富士山は、身近であると同時に、崇高な存在だった。江戸時代に描かれた江戸の鳥瞰《ちょうかん》図を見ても、いちばん上にあるのは、白く輝く富士山と決まっていた。

その一方で、必ずしも富士山が日本一標高の高い山とは意識されていなかったらしい。江戸後期に日本を訪れたシーボルトの『江戸参府紀行』には、日本の最高峰は富士山ではなく、出羽《でわ》の鳥海山《ちょうかいさん》であるという記述もある。時代を問わず富士山が信仰されたのは、単に「高い」からでなく、神々しい姿を見せていたからなのだろう。

富士登山は古くから行なわれていたが、江戸時代に入って世情が安定すると、江戸の庶民を中心に富士の信仰登山が広まっていった。とりわけ富士山が出現したという庚申《かのえさる》の御縁年は「お山参り」と称してとくに盛んに行なわれた。そして、江戸をはじめとする関東各地では、富士信仰で結びついた富士講の人々によって、「富士塚《ふじづか》」なるものがあちこちで築かれた。

富士塚とは、富士山に似せて築かれた塚山である。もとからあった塚（古墳などの小丘）を利用して富士山に擬したものもあるが、富士講の人々が、富士山の溶岩をわざわざ運び上げて築いていったものが大部分だ。高さは数メートルから十数メートルのものまであったが、いずれも富士山に登ったのと同じ御利益があるとされた。富士講の中には、平等思想を標榜したものもあり、幕府からしばしば弾圧を受けた。それでも江戸中に富士塚が築かれたことは、富士講の根強い広がりを物語っている。そう、江戸に百以上あった富士山とは、富士塚のことだったのだ。

江戸の富士塚の始まりは高田馬場

江戸における富士塚の始まりは、安永九年（一七八〇）に建立された高田《たかた》富士だという。この塚を築いたのは、日行青山《にちぎょうせいざん》こと高田藤四郎。もと植木職人である。日行の師は、富士講を中興して隆盛に導いた食行身禄《じきぎょうみろく》という行者。身禄は、「みろくの世」の到来を予言するなど平等思想を標榜し、大飢饉を憂えて享保十八年（一七三三）に八合目の烏《え》帽子《ぼし》岩で入定《にゅうじょう》している。

高田富士が人気を呼ぶと、その後各地に富士塚が続々と築かれていった。富士塚の築造は昭和の初めまでつづいたというから、およそ百五十年におよぶ、まことに息の長いブームであった。

高田富士は明治維新後も早稲田の地に残されていたが、早稲田大学の校舎増築（九号館）にともない、隣接する水稲荷《みずいなり》神社ともども移転を余儀なくされた。昭和四十年（一九六五）ごろの話である。その後、高田富士は、五百メートルほど北西に離れた水稲荷神社の現社地（新宿区西早稲田）に再建されている。七月の限られた時期しか立ち入りと登拝ができないのが残念だ。

江戸期の特徴をとどめているという理由で、国の重要有形民俗文化財に指定された富士塚もある。都内では下谷坂本富士（台東区下谷）、豊島長崎《としまながさき》富士（豊島区高松）、江古田《えこだ》富士（練馬区小竹町《こたけちょう》）の三座が該当する。下谷坂本富士は、地下鉄日比谷線入谷《いりや》駅に近い小野照崎神社境内に鎮座する富士塚で、文政十一年（一八二八）に築造された。登拝できるのは六月三十日・七月一日の両日である。

豊島長崎富士は、地下鉄有楽町線要町《かなめちょう》駅から六百メートルほど北西に鎮座する富士浅間神社境内にある。江戸時代末期の文久二年（一八六二）に築かれた富士塚の山頂には、大日如来坐像、小御岳《こみたけ》石尊大権現碑、烏帽子岩奉献碑が安置されているというが、金網ごしに遥拝するしかない。江古田富士は、西武池袋線江古田駅の北口すぐそばの茅原《かやはら》浅間神社に鎮座する富士塚だ。高さは十メートル程度であろうか。十九世紀前半の天保または文化年間の築造といわれる。

今でも登れる千駄ヶ谷富士

江戸の姿を残す三座はふだん遥拝しかできない。いつでも登れる著名な富士塚を探したところ、千駄ヶ谷富士（渋谷区千駄ヶ谷）にたどりついた。千駄ヶ谷富士は、都の有形民俗文化財にも指定された、現存最古の富士塚だ。千駄ヶ谷駅を下車して東京体育館脇の道路を四百メートルほど南に入った鳩森《はとのもり》八幡神社にある。日本将棋連盟の将棋会館の向かいである。寛政元年（一七八九）の築造だが、大正十三年（一九二四）に築き直されている。もと古墳だったともいわれる山は、高さ六メートルほど。中腹には食行身禄の石像も安置されている。高さ十メートル足らずとはいっても、〝登山道〟は険しい。登拝の際は気をつけてほしい。

つづいて訪ねたのが、高さ十五メートルと、現存富士塚では都内随一の高さの品川富士（品川区北品川）だ。この富士塚は、旧品川宿を望む高台に鎮座する品川神社境内にあり、すぐ前を第一京浜（国道十五号線）が通る。その山姿は、第一京浜や近くの新馬場駅からも見えるほど。登山口は、品川神社の石段途中にある。山頂までは一分もかからないが、もともと高台に位置しているため見晴らしはよく、レインボーブリッジの主塔も見える。

下谷坂本富士（小野照崎神社境内）

千駄ヶ谷富士（鳩森八幡神社境内）

山頂の広さは、直径五メートルほど。国旗掲揚塔が設けられているのが無粋で残念ではある。この富士塚は、明治二年（一八六九）に築造されたものだが、京浜国道（第一京浜）の新道建設の敷地にかかったため、大正十一年（一九二二）に数十メートル西に移動している。

京浜急行新馬場駅から電車を乗り継ぎ、地下鉄東西線南砂町《みなみすなまち》駅で下車。南砂町駅から七百メートルほど東にある富賀岡《とみがおか》八幡宮（江東区南砂）にも富士塚がある。ここの砂町富士は、天保四年（一八三三）ごろ造られたもので、明治時代の地図にもはっきりと描かれている。このあたりは江戸時代の干拓地（砂村新田）で、戦後しばらくまで周囲にほとんど家屋はなかったから、東京湾ごしに本物の富士山がきれいに望めた。以前は高さ十メートルほどあったというが、道路拡張にともなう区画整理のため、昭和三十七年（一九六二）に三十メートルほど南に築き直され、高さも五メートルほど低くなった。周囲はすっかり市街地となり、まったく眺望はきかない。

富士山人気は明治に入ってからもつづいた。明治二十年（一八八七）には吉田為吉《よしだためきち》という興行師が浅草六区にリアルな人造富士山を造り、見物料をとって見せたこともある。ハリボテではあったが、それまでの岩石の富士塚とは異なり、リアルな富士山が人気を呼んだ。押すな押すなの大賑わいで、数千円の建設資金は開業後ほどなく回収してしまったという。だが、好事魔多し。ハリボテの富士山は、明治二十二年（一八八九）の暴風雨で大破して取り壊されてしまった。

土地一升金一升の東京である。開発などにより破壊された富士塚も多いが、それでも都内だけで五十余りの富士塚が残るのは、今も昔も変わらぬ富士信仰のなせる業であろう。江戸っ子は富士山好きなのである。

保木間富士
花又富士
北松戸
松戸市
島根富士
中川
飯塚富士
足立区
葛西金町富士
中川公園
金町
五反野富士
綾瀬富士
亀有
大川富士
綾瀬
葛飾区
江戸川
千住宮元富士
北千住
千住柳原富士
南千住富士
隅田川
小岩
田端富士
日暮里
下谷坂本富士
荒川
総武本線
千葉街道
市川
新小岩
台東区
篠崎公園
市川市
上野
平井
逆井富士
秋葉原
両国
亀戸
京葉道路
首都高速7号小松川線
江戸川区
下鎌田富士
今井富士
東京
首都高速9号深川線
鉄砲洲富士
首都高速中央環状線
船堀富士
砂町富士
桑川富士
長島富士
中央区
首都高速湾岸線
潮見
浦安市
旧江戸川
中割富士
江東区
夢の島公園
新浦安
葛西臨海公園
都高速1号台場線
東京
ディズニーランド
東京湾

和光市
浮間舟渡
北赤羽
北本通り
笹目通り
赤羽
下練馬富士
板橋区
北区
中里富士
十条
十条富士
練馬区
池袋富士
江古田富士
駒込富士
環七通り
豊島区
白山通り
池袋
白山富士
春日通り
音羽富士
高田富士
西荻窪
荻窪
阿佐ヶ谷
上落合富士
東大久保富士
飯田橋
新大久保
杉並区
西大久保富士
新宿富士
千代田区
四ツ谷
明治神宮
千駄ヶ谷富士
渋谷区
首都高速4号新宿線
環八通り
渋谷
港区
首都高速3号渋谷線
恵比寿
桜田通り
山手線
世田谷区
目黒区
品川
五反田
東名高速道路
多摩川
品川富士
環八通り
品川区

都区内のおもな富士（※震災の影響などで登拝できなくなっているところもあります）

山　名	社　寺	所 在 地	最寄り駅	登拝
鉄砲洲富士	鉄砲洲稲荷神社	中央区湊1-6-7	JR・地下鉄八丁堀	可
高田富士	水稲荷神社	新宿区西早稲田3-5-43	都電早稲田	特定日
東大久保富士	西向天神社	新宿区新宿6-21-1	地下鉄東新宿	可
西大久保富士	稲荷鬼王神社	新宿区歌舞伎町2-17-5	地下鉄東新宿	可
新宿富士	花園神社	新宿区新宿5-17-3	地下鉄新宿三丁目	可
上落合富士	月見岡八幡神社	新宿区上落合1-26-19	地下鉄落合	可
白山富士	白山神社	文京区白山5-31-26	地下鉄白山	特定日
音羽富士	護国寺	文京区大塚5-40-1	地下鉄護国寺	可
駒込富士	駒込富士神社	文京区本駒込5-7-20	JR駒込	可
下谷坂本富士	小野照崎神社	台東区下谷2-13-14	地下鉄入谷	特定日
砂町富士	富賀岡八幡宮	江東区南砂7-14-18	地下鉄南砂町	可
品川富士	品川神社	品川区北品川3-7-15	京急新馬場	可
羽田富士	羽田神社	大田区本羽田3-9-12	京急大鳥居	可
千駄ヶ谷富士	鳩森八幡神社	渋谷区千駄ヶ谷1-1-24	JR千駄ヶ谷	可
池袋富士	池袋氷川神社	豊島区池袋本町3-14-1	東武下板橋	特定日
田端富士	田端八幡神社	北区田端2-7-2	JR田端	可
十条富士	十条富士神社	北区中十条2-14-18	JR東十条	可
南千住富士	天王素盞雄神社	荒川区南千住6-60-1	JR・地下鉄南千住	不可
江古田富士	茅原浅間神社	練馬区小竹町1-59-2	西武江古田	現在不可

山　名	社　寺	所在地	最寄り駅	登拝
下練馬富士	浅間神社	練馬区北町2-41-2	東武練馬	可
中里富士	八坂神社	練馬区大泉町1-44-1	もみじ山バス停	可
千住宮元富士	千住神社	足立区千住宮元町24-1	JR・地下鉄北千住	特定日
大川富士	大川町氷川神社	足立区千住大川町12-3	JR・地下鉄北千住	可
千住柳原富士	柳原稲荷神社	足立区柳原2-38-1	JR・地下鉄北千住	不可
五反野富士	西之宮稲荷神社	足立区足立3-28-13	東武五反野	不可
綾瀬富士	綾瀬稲荷神社	足立区綾瀬4-9-9	JR綾瀬	不可
島根富士	鷲神社	足立区島根4-25-1	東武竹ノ塚	可
保木間富士	保木間氷川神社	足立区西保木間1-11-4	東武竹ノ塚	不可
花又富士	花畑浅間神社	足立区花畑5-10-1	東武谷塚	可
葛西金町富士	葛西神社	葛飾区東金町6-10-5	JR・京成金町	可
飯塚富士	富士神社	葛飾区南水元2-1-1	JR・京成金町	特定日
逆井富士	浅間神社	江戸川区平井3-1-19	JR平井	可
船堀富士	日枝神社	江戸川区船堀6-7-23	地下鉄船堀	可
今井富士	香取神社	江戸川区江戸川3-44-8	地下鉄一之江	可
下鎌田富士	豊田神社	江戸川区東瑞江1-18-1	地下鉄瑞江	可
桑川富士	桑川神社	江戸川区東葛西1-23-19	地下鉄葛西	可
長島富士	香取神社	江戸川区東葛西2-34-20	地下鉄葛西	可
中割富士	中割天祖神社	江戸川区東葛西7-17	地下鉄葛西	可

【第四話】

江戸・東京の怨霊を追う

明治天皇即位の礼の前日に行なわれた儀式

慶応三年（一八六七）十二月の王政復古の大号令は、歴史の重大な転回点であった。摂政・関白・幕府を廃して、天皇みずから政治を行なうことを宣言したのである。朝廷が政治の主導権を握るのは、後醍醐《ごだいご》院の建武の中興を除き、ほぼ七百年ぶりの出来事であった。「親政」の復古となると、ほぼ九百年ぶりということになる。

それから八ヶ月あまり経た慶応四年（一八六八）八月二十七日、京都御所で明治天皇の即位の礼が挙行された。このころ、会津では激しい戦いが繰り広げられており、榎本釜次郎《えのもとかまじろう》（武揚《たけあき》）が指揮する旧幕府の艦隊は、会津救援のため、松島湾に現れたところであった。将軍の徳川慶喜《よしのぶ》が上野に謹慎したとはいえ、会津若松では会津藩の激しい抵抗が続いており、戦いの帰趨《きすう》はわからなかったのである。なぜこの時期に天皇は即位したのであろう。

じつは即位の礼という重要な式典のわずか一日前の八月二十六日、京都から遠く離れた讃岐《さぬき》で、崇徳院《すとくいん》の山陵祭が行なわれていた。崇徳院といえば、保元元年（一一五六）七月の保元の乱に敗れて讃岐に流され、長寛二年（一一六四）八月二十六日、配流先の松山の津（香川県坂出《さかいで》市）で、皇室を呪詛《じゅそ》して崩御した上皇である。みずから舌を嚙《か》み切り、その血で「日本国の大魔縁となり、皇を取って民とし民を皇となさん」と書きつけ、爪も髪も伸ばし放題にして、夜叉《やしゃ》のような姿になった。生きながら天狗となったともいう。

当初、讃岐院と諡《おくりな》されたが、その後も変事が続いたことや、朝廷関係者が連続して急死したことから怨霊が噂されるようになり、朝廷からあらためて崇徳院と諡された。幽冥界の崇徳院のすさまじい霊威に対し、現世の朝廷はひたすら鎮魂を祈るほかなかったのである。しかしその期待も空しく、崇徳院の願いは成就し、「皇を取って民とし民を皇となさん」世となった。政治の実権が朝廷の手を離れ、武家に握られたからである。

後鳥羽院、後醍醐院など、王政復古を志《こころざ》した天皇・上皇の企ては、ことごとく失敗した。崇徳院の恨みが皇室の復権を阻んできた、と朝廷が考えても不思議ではない。戊辰《ぼしん》戦争が継続していた慶応四年（一八六八）、このまま無事に王政復古への移行を実現させるためには、七百年以上続く崇徳院の呪詛を解く必要があると考えたのではないだろうか。

明治天皇の即位を前に、崇徳院の眠る白峯《しらみね》山陵に権大納《ごんだいな》言中《ごんなかの》院通富《いんみちとみ》を勅使に遣わし、山陵祭を執行した裏事情は、その一点にあった。山陵祭は、崇徳院の祥月命日に合わせて挙行されたのである。当日は時ならぬ激しい雨が降りつづいたという。

謝罪の言葉で埋め尽くされた祝詞

山陵祭で読み上げられた奉迎祝詞《のりと》は、崇徳院への謝罪の言葉で埋め尽くされていた。主要部分を現代語訳すれば、次のようになる。

――保元年間に起きた一連の忌々しい出来事は、本当に悲しみの極みでした。孝明天皇の叡慮《えいりょ》を継ぎ、尊霊をお迎えに上がりました。皇宮のすぐそばの飛鳥《あすか》井町《いちょう》に新しい宮を造りましたので、どうぞ皇都にお還りいただき、天皇と朝廷を末永くお護りください。そして、皇軍に刃向う「奥羽の賊徒」を速やかに鎮定して天下安穏となるよう助け護ってください。

王政復古を宣言したばかりの皇室が、崇徳院を丁重に扱うのも当然であった。折しも越後・会津と激戦が続き、戊辰戦争に勝利できるかどうかの瀬戸際なのである。崇徳院への祭祀は、単なる形式的な儀礼ではなかった。王政復古を成就させるための最後の切り札だったのだ。

勅使の中院通富は、崇徳院の神霊を奉じて帰途につき、御遺真影と遺愛の笙《しょう》を納めた神《み》輿《こし》は、天皇の行幸同様まるで生けるがごとき歓迎を方々で受けながら、海路で室《むろ》津《つ》、姫路、明石、西宮を経て大坂に上陸。九月五日に伏見の熊本藩邸に到着した。

九月六日、崇徳院の御霊代の唐櫃《からびつ》を御羽車《おはぐるま》に奉遷し、崇徳院を祭神とするため創建したばかりの白峯宮《しらみねぐう》（飛鳥井家の邸地に建立。現在の白峯神宮）に向かった。その隊伍には中院通富や讃岐高松藩主の松平頼聰《よりとし》も随行している。道中は人々であふれかえり、非常に賑やかだったと伝わる。白峯宮では還遷の儀が厳粛に行なわれた。明治天皇は、勅使として近衛権中将油小路隆晃《このえごんのちゅうじょうあぶらのこうじたかてる》を参向させ、みずからは清涼殿に出御し、崇徳院の神霊に御拝している。

翌九月七日、天皇は改元の儀を行ない、御籤《おみくじ》を引き、新しい年号を選定した。そして九月八日、年号を改めて明治元年と為し、一世一元の制を宣言した。明治という時代は、崇徳院の京都還遷とともに始まったのである。

ここまで崇徳院について長々と書き連ねたのは、怨霊というものが、近現代の歴史を実際に動かした事実、けっしてフィクションとは考えられていなかったことをいいたかったからなのだ。崇徳院の怨霊が実在するかはわからない。しかし、即位の礼と山陵祭との奇妙な符合を見るかぎり、当時の朝廷は、怨霊の存在を前提にしているとしか考えられないのである。

神田明神と平将門

新しく天皇が居を定めた関東にも、朝廷への恨みを呑んで死んだとされる人物がいた。その筆頭が平将門《たいらのまさかど》である。将門は、関東一円で争乱を繰り返し、朝廷に叛旗をひるがえした武将として知られる。当初は一族間の内訌《ないこう》にすぎなかったが、天慶二年（九三九）十一月に常陸国府を襲撃して焼き払い、さらに関東の国衙《こくが》を襲って新皇を称したのである。翌年二月には藤原秀郷《ふじわらのひでさと》、平貞盛《たいらのさだもり》らの討伐軍と戦い、敗れて討たれたものの、関東自立を目指した将門を英雄として仰ぐ気風は時とともに強まり、さまざまな伝説が形作られていった。

将門と聞いて思い出すのが、神田明神《かんだみょうじん》の名で知られた神田神社である。神田神社は、外神田の湯島の地に鎮座している。神田明神は、武蔵国豊島郡芝崎《しばざき》村（現千代田区大手町）に創建された古社だったという。当初は将門との直接的な関連はなかったようだ。

ところが、鎌倉時代後半、平将門を葬った墳墓（将門塚《しょうもんづか》）周辺で天変地異が頻発し、それが将門の祟りとして人々を恐怖に陥れた。

そこで、時宗《じしゅう》の遊行僧である真教《しんきょう》が将門の御霊を鎮め、荒れ果てていた傍らの社を神田明神と名づけ、延慶二年（一三〇九）に将門を奉祀したのだという。時宗との縁はその

神田神社（随神門）

神田神社随神門の「繋馬」

後もつづき、神仏分離令が出るまで、神田明神の別当寺は、時宗の古刹、神田山芝崎道場日輪寺《にちりんじ》（台東区西浅草）となっていた。明治初年まで、神田祭などの行事には、日輪寺の僧が供奉して、経を上げていたのである。

徳川家康が江戸を本拠地に定めると、神田明神は駿河台に遷された。慶長五年（一六〇〇）、家康の上方出陣に際して、明神の神官は戦勝の祈禱を行ない、神田祭当日の九月十五日に家康は関ヶ原で西軍に大勝した。このことから、神田祭は縁起のいい祭礼として絶やすことなく執り行なうよう幕府から命じられ、同時に神田明神は、江戸時代を通じて、江戸の総鎮守として高い格式を誇ったのである。

家康が没した元和二年（一六一六）、二代将軍徳川秀忠《ひでただ》は、江戸城の鬼門（北東）守護を理由に現在地に遷している。このとき湯島天神も同じ湯島の地に遷され、鬼門を守護するかたちとなった。同様にこのころ、裏鬼門（南西）を守護する神として、山王権現（現日枝《ひえ》神社）と平川天神（現平河天満宮）が現在の社地を与えられている。平将門、菅原《すがわらの》道真《みちざね》が幕府の守護神として鬼門と裏鬼門に祀られたのである。将門・道真ともに朝廷の祟り神だったことで知られる。江戸幕府が朝廷の祟り神を江戸城守護に奉祀したことは偶然とはいえまい。

江戸時代、神田明神の祭神として認識されていたのは、もっぱら平将門であった。寛永十二年（一六三五）には、幕府の奏請により、後水尾院《ごみずのお》から将門への勅勘が免ぜられ、寛文十一年（一六七一）には、やはり幕府の奏請により、霊元院の勅命をもって左大臣大炊御門経孝《おおいのみかどつねたか》が揮毫した「神田大明神」が勅額として社殿に掲げられた。江戸時代半ば、大己貴命《おおなむちのみこと》が一之宮として奉祭された（創建当初の祭神だったという説もある）が、江戸っ子の意識は、神田明神といえば将門を祀る社《やしろ》だった。

神田明神の運命を暗転させた明治維新

神田明神の運命が暗転するのは明治時代である。明治五年（一八七二）、宗教を統括していた教部省は、神田神社（同年に改称）に対し、朝敵である平将門を祭神から除棄するよう、強硬に要求した。しかし当時の神田神社の祠官（神官）が本居宣長《もとおりのりなが》の曾孫にあたる本居豊穎《とよかい》だったため、教部省もそれ以上の手出しはできず、神田神社と東京府が独自に話し合いを行なった結果、明治六年（一八七三）十二月、将門の神霊を摂社に遷すことで妥協が成立した。旧幕臣の大久保一翁《おおくぼいちおう》が府知事だったことも幸いした。

しかし、神田神社に対する教部省の攻撃はやまなかった。明治七年（一八七四）三月には、社殿に掲げられた「神田大明神」の勅額を外すよう命じた。この勅額は平将門のために下賜されたものであるから、この額を掲げるかぎり、神田神社は将門を祀る神社とみなすというのである。東京府や太政官《だじょうかん》（最高の政府機関）までが、後水尾院や霊元院の思召しを覆《くつがえ》すのはおかしいと非難した。だが結局、新たに太政大臣三条実美《さんじょうさねとみ》が揮毫した「神田明神」の額を下付して、替えることとなった。

同年八月十二日、将門の神霊は境内の大国主《おおくにぬし》神社に仮遷座され、八月十七日には常陸大洗《ひたちおおあらい》磯崎《いそさき》神社から少彦名命《すくなびこなのみこと》を勧請して本殿に祀った。

ところが、将門が祭神からはずれたことで、今度は神田の氏子が猛反発した。とうとう祭礼中止という事態になってしまったのだ。

祭礼中止直後の九月十九日、明治天皇は、本蓮沼《もとはすぬま》村（現板橋区志村）の演習を統監して赤坂仮御所へ帰る途中、わざわざ遠回りして、神田神社で小憩している。神社に連絡があったのは前日だったというから、あわただしく決まったものであろう。神社側では急ぎ一の鳥居から二の鳥居、楼門から拝殿にかけて幔幕《まんまく》を張り巡らせた。当日、明治天皇が神田神社に着御したのは午後六時すぎ。すっかり日は暮れていた。拝殿に玉座を設け、着座した天皇は、祭神に関して祠官の本居豊穎に下問している。その後親拝して、御所に戻ったのは夜八時半である。参拝の際、天皇は幣帛《へいはく》料二千疋《びき》を献じている。

なぜ天皇みずから神田神社に行幸したのか。勅使の代拝ではなく、天皇みずから親拝した東京の神社は、それまで東京招魂社《しょうこんしゃ》（靖国神社）しかなかった。天皇が親拝した意味は非常に重かったのである。将門遷座に端を発し、勅額の問題に加えて、神田祭の中止が影響したことは間違いあるまい。

しかしこの後も氏子の感情は収まらなかった。その証拠に、神田祭はなんと十年間も中断しているのだ。このころ、将門を祭神からはずした神田神社の本社にはほとんど賽銭が集まらず、摂社となった将門社の方ばかり賽銭が集まったという。平将門は、皇室にとっては「朝敵」かもしれないが、江戸っ子にとっては、古くからの鎮守であり守護神である。頑迷な平田派国学者の巣窟といわれた教部省は、大いなる失策を犯したのだ。

明治十七年（一八八四）九月十五日、ようやく神田祭は十年ぶりに復活した。この年の祭は、山車《だし》四十六台が繰り出し、江戸時代以上に盛大なものとなるはずだった。ところが、本祭当日の昼ごろから激しい暴風雨が東京を襲ったのである。山車の中には強風で倒壊して大破してしまったものもあり、山車を曳く牛が三十頭以上も死んでしまったという。将門の霊威いまだやまずといったところであろう。案の定、この暴風雨は、将門が立腹したためだったとする風聞が広まった。将門は荒御魂《あらみたま》の姿を見せつけたのである。

その後、東京の近代化とともに、神田祭は大きく変貌していく。新暦の九月十五日だと、台風時期にあたり、疾病の流行がある（明治二十三年［一八九〇］のコレラ流行も八〜九月）という理由で、明治二十五年（一八九二）以降、秋に行なわれていた祭礼が、春の五月十五日に改められた。

変わったのは日程だけではなかった。山車の数が減ったことや、路面電車の架線が張り巡らされて山車の巡行に困難をきたしたことから、神田祭は、それまでの山車主体の祭から神輿主体に転換していったのである。

今も残る将門ゆかりの古社

都心に残る将門ゆかりの古社を訪ねた。めざすは、千代田区外神田の神田神社と、千代田区九段《くだん》に鎮座する築土《つくど》神社、新宿区北新宿に鎮座する鎧《よろい》神社という三社である。共通するのは、明治七年（一八七四）、揃って平将門が祭神から除かれたこと。明治政府は、新都となった東京から、将門の影をなんとしても払拭したかったのだろう。

最初に詣でたのは神田神社である。現在の住居表示は外神田だが、湯島の高台にある。

ビルに囲まれた築土神社

築土神社天水桶の「繋馬」

権現造の立派な社殿は、関東大震災後の昭和九年（一九三四）に鉄筋コンクリートで再建されたものである。そのため、戦時中の空襲にも焼け残った。境内入り口の随神門は、関東大震災で焼失し、昭和五十年（一九七五）に再建された。上層に、将門の家紋に由来する「繋馬《つなぎうま》」の彫刻が飾られている。

平将門をふたたび祭神に加えることは、神田神社と氏子の多年の宿願であった。戦後、神社本庁との折衝を重ね、本社の祭神からはずされて百十年目を迎えた昭和五十九年（一九八四）、晴れて三之宮として復座奉祭が実現したのだ。このときは盛大な遷座祭を挙行したほか、三之宮の鳳輦《ほうれん》を建造することにしたが、氏子から予想以上の募金が瞬く間に集まった。将門人気は衰えていなかったのである。こうした明治以来の苦難の歴史を知った上で神田明神を参拝するのは、なかなかに感慨深いものがある。

神田明神では、本書の表紙にあしらった狛犬にも注目してもらいたい。社殿再建とほぼ同時期に建立された狛犬は、睨むように正面を見据え、すらりとしたフォルムをしている。この狛犬は、靖国神社などと同じタイプで、昭和戦前期に流行した独特の形式だ。実在の大型犬を彷彿させるのは、動物彫刻で名を成した池田勇八の手になるからだろう。

さて、神田を後にして、九段の築土神社を訪ねた。社伝によれば、京都にさらされた平

正面を見据えた珍しい狛犬。昭和八年の建立

将門の首を首桶に納めて持ち帰り、武蔵国豊島郡上平河村津久戸《つくど》（今の千代田区大手町あたり）の観音堂に祀って塚を築き、祠を建て、津久戸明神と称したのが始まりという。その後、社地は田安《たやす》（今の北の丸）など何度か動いたが、元和二年（一六一六）には、江戸城外堀拡張のため今の新宿区筑土八幡町の筑土山へと遷座し、築土明神と改称。隣の築土八幡（同じ場所に現存）と並んで鎮座する形となった。明治七年（一八七四）にはやむなく平将門を祭神からはずし、社名も築土神社と改めている。

築土神社は、明治維新後も筑土山上に鎮座していたが、昭和二十年（一九四五）四月の空襲で、享保十五年（一七三〇）建築の壮麗な権現造の社殿は全焼。将門の首級を納めたと伝わる首桶も失われた。戦後、旧社地の北の丸にも近い、九段中坂《なかざか》途中にある世継《よつぎ》稲荷神社の敷地へ移転し、平成六年（一九九四）の新社殿の完成とともに、ビルと同居する神社へと変わった。しかし文政元年（一八一八）に奉納された拝殿右奥の鉄製の天水桶には、将門の馬印である「繋馬」が彫刻されており、ここがまぎれもなく将門ゆかりの神社であることを示している。現在の祭神は天津彦火邇邇杵尊《あまつひこほににぎのみこと》であるが、相殿に平将門と菅原道真を祀っている。

鎧神社は、北新宿三丁目の住宅地に鎮座する。掃き清められた境内に立つと、近くを通る中央線の音が響いてくる。明治初年まで別当寺だった医光山円照寺も近い。

この神社は、江戸時代までは鎧大明神と称し、柏木《かしわぎ》村の鎮守として崇敬をうけてきた。社名となった鎧のいわれには諸説ある。曰く、日本武尊の鎧を埋めた、あるいは平将門の鎧を埋めたなどといわれたらしい。病に苦しんでいた藤原秀郷《ふじわらのひでさと》が、柏木の薬師堂（のちの円照寺）に参詣した折、将門の祟りと考え、境内に将門の鎧を埋めて祠を建立したところ、病が全快したともいう。ともかくこの社では、古くから平将門を祭神と祀ってきた。しかしやはり明治七年（一八七四）に平将門の神霊は摂社に遷されてしまう。氏子の願いが通じて、本社の祭神に復したのは、第二次世界大戦後である。

将門塚に伝わる祟り伝説

平将門ゆかりの古社を参詣した後、ふたたび都心に戻り、大手町の将門塚を訪ねることにした。ここは、大手町一丁目の高層ビルの谷間に残る不思議な空間である。周囲をビジネスマンが行き交い、三井物産や三井生命といった錚々《そうそう》たる大企業が本社を構えている。その超一等地のこの場所に、なぜ小さな祠が手厚く祀られ、残されているのか。それを解くキーワードが平将門である。

将門塚とは、平将門の首級を祀ったとされる故地で、神田明神や別当の日輪寺もかつてはこのあたりにあった。その後、神田明神と日輪寺は、江戸城築城の折に駿河台と浅草に移転したが、将門塚だけは旧地に残され、その場所は土《ど》井《い》利勝《としかつ》の屋敷地となった。その後この屋敷は主を変えたが、ずっと塚は保護されていたらしい。姫路藩主酒井家の上屋敷となった江戸後期以降は、塚の場所に将門稲荷が創建され、鳥居や玉垣が寄進されていた。神田祭の折には、屋敷の中まで鳳輦・神輿が渡御し、塚の前で神事や神楽が行なわれ、将門の神霊を慰めていたのである。

明治に入ると、将門塚の場所は、大蔵省の用地となった。明治初期の地図を見ると、大蔵省正門の左手奥に将門塚の築山を確認できる。将門塚は、酒井家の大名庭園を引き継いだ庭の南西に位置していた。もとは神田明神の御手洗池だったという塚のそばの池もそのまま残っている。

明治三十九年（一九〇六）には、大蔵大臣を歴任した松方正義《まつかたまさよし》の揮毫による「故蹟保存碑」が将門塚の上に建立されている。将門塚が大蔵省内となっても、江戸時代と変わらず神田祭の鳳輦は中に入り、塚前での奉幣の儀の後、激しい神輿振りが行なわれた。将門の神霊を乗せた神輿は、宙に放り上げることもある荒々しいものだったという。

大手町の一等地に残る将門塚の板碑

「鎧」のいわれには諸説ある鎧神社

大正十二年（一九二三）九月の関東大震災で、大蔵省の庁舎はことごとく焼け落ちた。将門塚も激しい震動で崩れてしまった。復興の過程で池は埋められ、将門塚は取り崩された。更地となった跡地には大蔵省の仮庁舎が建てられていった。

将門の祟りが噂され出したのはこのころからである。大正十五年（一九二六）六月に若槻禮次郎《わかつきれいじろう》内閣の大蔵大臣となったばかりの早速整爾《はやみせいじ》が九月に急逝し、現職の課長ら職員十数人が次々死亡。さらに、塚の上に建てた仮庁舎での転倒事故が続出したことから、将門塚を破壊した祟りだという噂が広まったのである。昭和三年（一九二八）、塚のあった位置に建つ建物をわざわざ取り壊して将門塚を復元し、時の大蔵大臣三土忠造《みつちちゆうぞう》以下幹部職員列席のもと、神田神社社司による慰霊祭が営まれた。

だが、それも空しかった。昭和十五年（一九四〇）六月二十日、突然の暴風雨が東京を襲い、午後十時、大手町の逓信省航空局に雷が落ちた。落雷により火災が発生し、火元となった逓信省航空局ばかりか、隣接する中央気象台、大蔵省、企画院、厚生省、東京営林局、神田橋税務署など、大手町一帯に燃え広がったのである。必死の消火活動が功を奏し、三時間余りで火は消し止められたものの、全焼二十一棟、半焼四棟、焼失面積は二万四百二十二坪（約六万八千平方メートル）に達した。これは東京ドームの約一・五倍である。人的被害も甚大で、消火作業中の警防団員二人が殉職したのをはじめ、重軽傷者は百七人に及んだ。

この火災に震え上がったのが、大蔵省関係者であった。この年は、平将門が討たれた天慶三年（九四〇）からちょうど千年目にあたる。急遽、大蔵大臣河田烈《かわだいさお》みずから揮毫した故蹟保存碑が将門塚に再建され、さらに浅草の日輪寺境内にあった真教（神田明神に将門を祀った遊行僧）揮毫の「南無阿弥陀仏」の板碑を模刻して建立。そして神田神社の社司を招いて、厳粛に慰霊祭が執行されたのである。

昭和十八年（一九四三）、大蔵省が霞が関に移転すると、跡地は都有地となった。そして終戦を迎える。戦後、占領軍はこの場所に巨大なモータープール（駐車場）を造成し始めたが、将門塚をブルドーザーで壊そうとした日本人が転落して死亡する事故が発生。ここでも祟りが噂された。このときは住民がＧＨＱに出頭して事情を説明し、なんとか塚の破壊は免れている。

昭和三十四年（一九五九）の接収解除とともに、地元有志により史蹟将門塚保存会が結成され、将門塚は、整備・修復されて現在にいたっている。塚の周りにカエルの置物が置かれているのは、左遷されたサラリーマンが元の職場に無事に帰れるように、周辺企業に勤める人たちがひそかに供えたものであろう。将門の首が京都から飛んで還ってきたという伝承にちなみ、自然発生的に生じた信仰である。

一部には、長銀（日本長期信用銀行）の破綻も、将門の祟りだとする向きもある。長銀は、接収解除とともに塚の東隣りに土地を取得し、三十年以上本店を置いていた。史蹟将門塚保存会の主要メンバーでもあった。ところが長銀は、内幸町《うちさいわいちょう》に新たに本店ビルを建設して、平成五年（一九九三）に大手町から移転してしまうのだ。長銀が破綻するのは、それからわずか五年後であった。余談ながら、大手町の長銀本社だった土地には、現在は消費者金融のプロミスが本社を置いている。

四谷怪談の真相

江戸・東京生まれの怨霊といえば、四谷怪談お岩さんをはずすわけにはいかないだろう。四谷怪談は、物語にいくつものパターンがあるが、もっとも知られているものとしては以下のような粗筋となる。

御先手同心田宮又兵衛《たみやまたべえ》（田宮伊蔵）の一人娘のお岩は、伊右衛門《いえもん》を婿に迎えた。ところが伊右衛門が心変わりして、お岩を離縁して田宮家から追い出した。悲嘆に暮れたお岩は

お岩の墓（妙行寺）

四谷の於岩稲荷田宮神社

狂乱のあまり失踪してしまう。その後、田宮家周辺には不幸が続いて、お家は断絶。しかし怪異なできごとはやまず、四谷鮫河橋南町《さめがはしみなみちょう》（現新宿区南元町《みなみもとまち》）の妙行寺《みょうぎょうじ》の住職が追善供養をしてお岩の霊を鎮め、田宮邸の跡に於岩稲荷を建ててその霊を祀った、というもの。

お岩にまつわる寺社は都内に四つある。その四ヶ所のいわれを訪ね、めぐってみよう。

お岩を供養した妙行寺は、市区改正事業（都心の区画整理）により、明治四十二年（一九〇九）に四谷鮫河橋南町から現在の豊島区西巣鴨四丁目に移転している。都電荒川線の新庚申塚《しんこうしんづか》停留場で下車して、軌道と並行する「お岩通り」を歩き、巣鴨五丁目交差点で左に折れ、滝野川十号踏切を渡るとすぐに寺の入り口だ。境内の墓地のいちばん奥に、古びたお岩さんの墓がある。墓は五輪塔で、脇には得證院妙念日正大姉という法名が刻まれた石塔が立つ。田宮家はこの寺の檀家で、その縁から墓が建立されたのだといい、事実、田宮家の累代の墓も建立されている。寺の言い伝えでは、伊右衛門とお岩の夫婦仲は大変よかったらしい。四谷怪談のイメージとはずいぶん違う……。

首をひねりながら、地下鉄丸ノ内線四谷三丁目駅で下車。左門町《さもんちょう》にある於岩稲荷田宮神社に向かった。はじめ四谷にあった於岩稲荷は、明治十三年（一八八〇）に京橋越前堀

妙行寺
湯島天神
神田山
日輪寺
鎧神社
四谷於岩
稲荷
築土神社
神田明神
将門塚
於岩稲荷
陽運寺
平河
天満宮
山王
日枝神社
東十条
十条
環七通り
首都高速中央環状線
隅田川
荒川
尾竹橋通り
王子
中山道
尾久
板橋
上中里
明治通り
北千住
京成本線
駒込
巣鴨
田端
南千住
西日暮里
三河島
西武池袋線
池袋
大塚
日暮里
目白
山手通り
鶯谷
昭和通り
目白通り
新目白通り
春日通り
文京区
上野
台東区
高田馬場
御徒町
東中野
新大久保
水道橋
飯田橋
蔵前橋通り
御茶ノ水
浅草橋
両国
秋葉原
錦糸町
靖国通り
神田
新宿区
市ケ谷
千代田区
新宿
四ツ谷
代々木
千駄ケ谷
信濃町
東京
明治神宮
有楽町
八丁堀
渋谷区
原宿
外堀通り
中央区
越中島
永代通り
新橋
外苑西通り
日比谷線
清澄通り
青山通り
渋谷
浜松町
潮見
首都高速3号渋谷線
港区
江東区
明治通り
首都高速2号目黒線
田町
恵比寿
東京港
レインボーブリッジ
東急東横線
駒沢通り
目黒
目黒区
山手通り
林試の
森公園
五反田
品川
東京湾
目黒通り
目黒線
大崎
りんかい線
中原街道
品川区
東急大井町線
大井町
西大井
第一京浜

(中央区新川)に移転したが、四谷の元の社地にも、昭和初期までには於岩稲荷田宮神社が再建されている。於岩稲荷の言い伝えでは、お岩さんは夫婦仲もよく、貞女の鑑《かがみ》。屋敷の稲荷社を信仰し、そのお陰で傾きかけた田宮家が隆盛に向かったとされる。田宮家の稲荷社のご利益にあずかろうと、江戸中の人気を集めたという。それにしてもお岩が「貞女の鑑」とは……。

四谷の於岩稲荷田宮神社とは通りを隔てて、戦後に移転してきた陽運寺《よううんじ》という寺院があり、お岩人気にあやかったか、ここにも於岩稲荷霊神が祀られている。この界隈、似たような赤い幟《のぼり》が何本もはためいており、混乱してしまう。何やら本家・元祖争いにも似た気配が漂う。

最後に訪ねたのは、巣鴨・四谷とはずっと離れた中央区新川にある於岩稲荷田宮神社。左門町の於岩稲荷田宮神社界隈が明治十二年(一八七九)の火災で焼けると、歌舞伎役者の初代市川左団次《いちかわさだんじ》が、活動の拠点としていた新富座《しんとみざ》近くの京橋越前堀に社地を提供して、遷座させた。それが、中央区新川の於岩稲荷田宮神社である。ややこしいが、四谷の於岩稲荷田宮神社の本社にあたる神社だ。界隈に新富座などの芝居小屋があったころは花柳界や歌舞伎関係者の参詣で賑わったといい、お岩人気を物語るように、境内には百度石もある。

ゆかりの寺社では、どこもお岩さんを貞女として扱っており、怨霊・幽霊と結びつけるたぐいは、どうやらお岩の没後二百年以上経った文政八年（一八二五）初演の鶴屋南北《つるやなんぼく》作『東海道四谷怪談』以降のものらしい。貞女の鑑だったお岩さんが、時代が下るにつれ、いつしか幽霊、怨霊となってゆく姿は、それ自体「怪談」なのかもしれない。

【第五話】

新旧世俗の塔の謎

幕末に東京スカイツリーを予言した錦絵

ここに一枚の錦絵がある。幕末に活躍した浮世絵師の歌川国芳《うたがわくによし》が天保二年（一八三一）に描いた「東都三ツ股の図」だ。川岸で小舟の底についたフジツボを焼いているのどかな風景を描いた錦絵である。三ツ股とは、隅田川と小名木川《おなぎがわ》との合流地点。右手に永代橋《えいたいばし》と漁船が舫《もや》う佃島《つくだじま》を描写し、正面左手には小名木川に深川万年橋が架かる。たぶん箱崎（日本橋箱崎町）あたりから隅田川ごしに深川方面を望んだものであろう。

この絵の左奥に、火の見櫓と並んで、東京スカイツリーに似た高塔がはっきりと描かれているのである。形だけではない、方角もスカイツリーと合致する。国芳の想像力が描かせたものであろうが、それにしてもおそろしいくらい似ている。これは、いったい何だったのか。

東京の塔というと、多くの人が東京タワーと東京スカイツリーを思い浮かべる。しかし考えてみれば、昭和二十年（一九四五）初めまでの東京には、上野寛永寺、浅草の浅草寺、芝増上寺、池上本門寺《いけがみほんもんじ》、谷中天王寺《やなかてんのうじ》と、多くの古塔が存在した。空襲や火災で焼け、今も残るのは池上本門寺と旧寛永寺（上野動物園内）の二つだけだが、当時も塔の数は多かったのである。ただ、五重塔は、庶民の登閣は許されなかった。この塔は上から見下ろ

歌川国芳「東都三ツ股の図」（川崎・砂子の里資料館蔵）

東京スカイツリーを予言したかのような塔が描かれている

すものではなく、下から仰ぎ見るものだったからである。

江戸時代、一般庶民が三階以上の家屋を建てることは禁じられていた。ましてや江戸城を睥睨《へいげい》するような高い建物の建設は、許されるものではなかった。だから庶民は、愛宕山や飛鳥山《あすかやま》、御殿山《ごてんやま》といった高台で眺望を楽しんだのである。

いつの世も、高い場所は人気スポットだった。当時、展望台の機能を果たしていたものに、大寺院の山門があった。たとえば、江戸の庶民が楽しんだ年中行事のひとつに二十六夜待《にじゅうろくやまち》がある。七月二十六日（旧暦）の丑三つ時（夜中の二時頃）に月が顔を出す瞬間に見える三本の光の筋を、阿弥陀如来・勢至菩薩・観世音菩薩の三尊に見立てて、拝むのである。

月の出が望める高輪《たかなわ》や品川の高台や海辺に人々は押しかけたが、その中に名刹の山門などがあった。当時の、「江戸名所図会」などには山門に押しかける賑わいが描かれている。登閣を許していた山門には人々が詰めかけたのである。

電灯が存在しなかった江戸時代、夜を照らす月の存在は、今とは比較にならないほど大きかった。そして、暗闇の中、月から実際に三条の光が出現する現象は、人々の理解を超えた神秘体験だった。ただし、二十六夜待の賑わいにはからくりがあって、月の出が遅い

2012年5月にオープンする東京スカイツリー

ことから、月待ちにかこつけての飲み食いや郭《くるわ》などの夜遊びが、ひそかな目的だったらしい。

明治時代に浅草に出現した空前の高塔

現在の東京がスカイツリーで沸いているように、今から約百二十年前の明治二十年代にも塔のブームが到来した。しかしこのときの主役は、仏塔や山門ではなかった。誰でも入場料を支払えば登れる展望塔が、ブームの中心だったのである。展望塔誕生の火付け役となったきっかけが面白い。浅草寺では明治十九年（一八八六）、五重塔の修理工事をした。その際、入場料一銭をとって五重塔の足場へ登らせたのである。それが非常に好評を博し、その後雨後の筍《たけのこ》のように塔が生まれるきっかけとなった。

明治時代、建築基準を定めた法律はなかったから、好き放題に建築が可能であった。とはいえ当時の建築技術や個人ベースの民間資金だけでは、百メートル以上の塔はさすがに無理である。それでも明治二十三年（一八九〇）、浅草区千束町《せんぞくちょう》二丁目（浅草二丁目）に完成した凌雲閣《りょううんかく》（浅草十二階）は百七十三尺（約五十二メートル。公称は二百二十尺［約六十七メートル］）もあった。凌雲閣は、イギリス人技師バルトンが設計した八角形の洋風の高塔で、十階までは煉瓦造り、その上に載る十一、十二階が木造であった。一銭で蕎麦《そば》が食べられた時代、入場料は八銭と強気である。今なら数千円に匹敵するだろう。

完成直後の凌雲閣は大賑わいだったが、その後しだいに寂れていった。物珍しさが薄れたこともあっただろうが、日本初という自慢のエレベーターが完成の翌年には故障し、螺旋の暗い石段を上り下りしなければならない手間も大きかった。

建設から三十三年後の大正十二年（一九二三）九月一日、関東大震災で凌雲閣は半壊した。地震が発生したのは土曜日の昼前である。当時、土曜日午前は働いている人がほとんどだったが、それでも地震の際、凌雲閣にいた人が、たった十数人というのはいかにも少ない。

地震直後、凌雲閣は、陸軍工兵隊によって爆破解体され、跡地は劇場などを経て、現在は「サンシャイン浅草店」というパチンコ店となっている。店の前に凌雲閣の写真をあしらった記念碑が建つが、スマートな塔がそびえていた様を、平成の浅草に想像するのは、なかなか難しい。

凌雲閣と並び称された塔が、芝の愛宕山に建っていた。その名を愛宕塔という。塔の完成は明治二十二年（一八八九）というから、凌雲閣が建つ二年前である。煉瓦造り五階建てで、高さは百尺（約三十メートル）あった。この塔は、隣接して開業した愛宕館（旅館と西洋料理店を兼ねた店）が運営し、入場料四銭をとって、望遠鏡を設置した。だが、明治二十八年（一八九五）に店ともども早々と廃業してしまった。当時は愛宕山に登れば市内が一望できたから、わざわざお金を払ってまで塔に登る必然性がなかったのかもしれない。あるいは、浅草の凌雲閣に客を取られたことが影響したかもしれない。

今、愛宕山はすっかり樹木に覆われ、江戸から明治に楽しめた眺望は望むべくもない。もっとも、樹木を刈ったところで、周囲には愛宕山より高い建物が林立しており、もはや展望台として賑わった往時をとりもどすのは不可能であろう。

愛宕塔は、閉鎖後も山上に建っていたが、関東大震災で倒壊した。跡地は、東京放送局（ＮＨＫの前身）となった。東京放送局は、大正十四年（一九二五）に本放送を開始し、放送局庁舎と高さ四十五メートルのアンテナ二基を建てた。展望塔の跡地がアンテナ塔というのは、いかにも時代の変遷を象徴していた。放送局が役割を終えた現在はＮＨＫ放送博物館となっている。

浅草といえば浅草十二階こと凌雲閣が有名だが、じつは凌雲閣より高いものが浅草近辺に存在した。それが浅草火力発電所の煙突である。この発電所は、東京電燈が明治三十一

浅草寺五重塔と東京スカイツリー

凌雲閣（浅草十二階）記念碑

年（一八九八）に建設した初の大規模な発電所で、蔵前《くらまえ》にあった。ところがここも関東大震災で崩壊し、その後の火災で完全に焼失。同じ敷地での再建を断念し、北千住《きたせんじゅ》に新たな敷地を求め、発電所（千住火力発電所）の建設計画が進められた。これが有名な〝お化け煙突〟である。煙突の高さは八十四メートルもあった。

新興の盛り場銀座に起きた塔ブーム

明治以降、新興の盛り場として賑わっていた銀座界隈にも、広告塔代わりだろうが、塔がたくさん建てられた。もっとも、銀座の塔ブームは可愛いもので、高さはせいぜい二十メートル程度だった。それでも二階建てが主流の当時にあっては充分目立った。建築順にいうと、銀座四丁目の京屋時計店銀座支店の時計塔（明治九年［一八七六］）、南伝馬町《みなみてんまちょう》三丁目（京橋三丁目）の小林時計京橋支店時計塔（明治十年［一八七七］）、今の和光《わこう》の位置にあった銀座四丁目の服部《はっとり》時計店の時計塔（明治二十七年［一八九四］）である。少し離れた有楽町には、時計塔がシンボルの東京府庁が、服部時計店と同じ年に建てられている。

明治三十年代に入っても、銀座の塔建築ブームはつづき、明治三十二年（一八九九）には、モスクを思わせる異国趣味の時計塔のある博品館勧工場《はくひんかんかんこうば》が南金六町《みなみきんろくちよう》（銀座八丁目）に建てられ、銀座四丁目の尾張町交差点には山崎高等洋服店（明治三十八年［一九〇五］）が完成している。明治四十一年（一九〇八）に銀座一丁目に竣工した日就社《につしゆうしや》新社屋は、壮麗な時計塔が呼び物だった。日就社は読売新聞を出していた新聞社で、読売新聞社の前身である。

銀座の塔はいずれも仰ぎ見る塔であった。どれも一種のランドマークであり広告であった。大部分が、注目を引きやすい時計塔だったのもそのせいだろう。

その中でもっとも高く、なおかつ有名だったのは、京橋区丸屋町《まるやちよう》（銀座八丁目）の土橋《どばし》北詰めにあった江木《えぎ》写真館新橋支店であった。この塔は明治二十四年（一八九一）に完成した六層の洋風建築で、一般の登閣はできなかったが、遠くからでも見える恰好のランドマークであった。浅草十二階、愛宕塔と並ぶ、帝都の三大塔と称されたという。

銀座の塔は、時代が下るにつれ、その数を減らしていった。小林時計の時計塔は明治四十年（一九〇七）ころに市区改正による区画整理で、京屋の時計塔は大正二年（一九一三）の倒産でそれぞれ取り壊された。博品館勧工場の時計塔は大正十年（一九二一）に取り外された（建物は関東大震災で焼失）。日就社にいたっては、経営をめぐる不祥事が相次ぎ、その原因の一因を、玄関と時計塔の位置が鬼門（北東）だったことに求めた。そのため時計塔は五年で取り壊され、大正八年（一九一九）には、京橋に面した社屋を第百銀行に売却して、有楽町に移転している。跡地は現在、三菱東京ＵＦＪ銀行（第百銀行の後身）の京橋支店となっている。尾張町交差点の山崎高等洋服店は大正十二年（一九二三）の関東大震災で倒壊し、跡地に三越が進出した。

江木写真館の塔は、改築にともない大正十一年（一九二二）に取り壊された。現在跡地に建つのは、一久伊勢半《いちきゆういせはん》ビルだ。静岡新聞や静岡放送の東京支社が入る、ＪＲの車窓からでもよく見える不思議な焦茶のビルがそれである。設計を担当したのは、東京都庁や代々木体育館など数々の建築を手がけた、かの丹下健三《たんげけんぞう》。江木写真館の塔に勝るとも劣らないユニークな現代建築である。

明治時代の銀座は塔の町だった。この事実は記憶しておいてよいだろう。今も残る塔といえば、昭和七年（一九三二）、服部時計塔跡に完成した服部時計店の時計塔（和光）くらいのものである。この塔は、映画でゴジラに壊された（昭和二十九年［一九五四］）が、現実の時計塔は、完成から八十年近く経った今も銀座に時を告げている。

時代が規制した高層建築物

大正九年（一九二〇）に施行された市街地建築物法は、建築物に対する高さ規制を初めて導入していた。住宅地では六十五尺（約二十メートル）、それ以外では百尺（約三十一メートル）という制限がなされるようになったのだ。いわゆる「百尺規制」である。

その後、大正十二年（一九二三）九月の関東大震災で浅草の凌雲閣や煉瓦建築が多数倒壊。高層建築に対する恐怖心もてつだい、百尺規制の徹底につながる。日本における超高層建築の可能性は、百尺規制と関東大震災で遠のいたのである。大震災以降、高さを競う趣向はすっかり影を潜めた。高塔といえば、せいぜい通信塔にかぎられた。通信塔の多くは郊外に建てられたが、霞ヶ関の海軍省の敷地に立つ高さ約五十メートルの三本の通信塔は、愛宕山のアンテナと並び、都心のランドマークともなっていた。海軍省の跡地は農林水産省になっている。

塔が減った原因は、建築規制だけではなかった。昭和六年（一九三一）の満洲事変以降しだいに軍事機密――いわゆる「軍機」――の範囲が拡大されていったことが大きかった。昭和十年（一九三五）には、有楽町の毎日新聞社社屋から望遠レンズで服部時計店の時計塔を写した写真の背後に房総海岸（当時要塞地帯に指定）がたまたま写り込んでいたということで、要塞地帯法違反に問われ、憲兵隊に始末書を提出した事案が発生している。ヨーロッパで第二次世界大戦が勃発した直後の昭和十四年（一九三九）十二月には、軍機保護法施行規則の改正で、地上二十メートル以上の高所からの写真撮影そのものが禁止された。撮影対象だけではなく、撮影行為そのものが違法となったのである。

しかしこれはなかなか徹底されなかったようで、業を煮やした警視庁は、翌昭和十五年（一九四〇）九月に上野公園、靖国神社など東京市内十六ヶ所で一斉取締りを実施した。上野公園では百十五名が撮影しようとして注意を受けたのをはじめ、靖国神社で六十五名、王子の飛鳥山では八名、芝の愛宕山では六名といった具合に、合計二百三名を発見し、フイルムを没収のうえ、厳重説諭している。そのときはそのまま帰宅させたが、警視庁は厳重処罰を予告し、新聞各紙に大きく報道された。こういう時代に、展望塔ビジネスが成立するわけがなかった。

東京タワーは「建築物」ではなかった

戦争の時代は、昭和二十年（一九四五）に終わった。終戦から五年後の昭和二十五年（一九五〇）に施行された建築基準法は、従来の市街地建築物法を一新するものだったが、百尺規制はそのまま踏襲された。ふたたび高層建築が話題になるのは、昭和三十三年（一九五八）の東京タワーである。

東京タワー（正式名日本電波塔）はエッフェル塔をしのぐ高さ三百三十三メートルという世界最高の自立式鉄塔として建築が始まった。当時の建築基準法でも百尺規制が存在したが、タワーは、この法律が定めた「建築物」ではなく、「工作物」と見なされ、それゆえ建築が可能となったという経緯があった。もとは芝増上寺の境内だったところで、明治以降は紅葉館という料亭があった場所である。

電波塔という大義名分があったにせよ、それまで東京都内最高の建物が、昭和十一年（一九三六）の国会議事堂で、中央塔の高さが六十五メートル、煙突に範囲を拡げても北千住火力発電所の八十四メートルだったわけだから、画期的なプロジェクトであったことは間違いない。しかしタワー開業当初は、海抜百五十メートルの位置にあった展望台のみで営業を開始している。当時はそれで充分だったのである。海抜二百五十メートルの特別展望台がオープンしたのは、開業から約九年後の昭和四十二年（一九六七）と、ずいぶん遅かった。なお、開業当時の展望台の入場料は百二十円であった。

本格的な高層ビルの時代は、東京オリンピックをひかえて開業したホテルニューオータニにはじまる。昭和三十八年（一九六三）の建築基準法改正により、三十一メートルという高さ制限が撤廃されたことで、初めて実現したのである。十七階建て、高さ七十二メートルを誇るこのホテルは、屋上の回転レストランとともに東京の新名所となった。今このビルを〝高層ビル〟と呼ぶことはないが、この建物が当時の常識を覆す高さであったことは間違いなく、ホテルの前に立つと、今でもその大きさに圧倒される。

そして昭和四十三年（一九六八）、高層ビル時代の幕を開けた〝真打ち〟が登場する。三十六階、高さ百四十七メートルの霞が関ビルである。昭和三十八年（一九六三）の建築基準法改正により、単純な高さ制限に代えて容積率という考えを導入した。それで初めて超高層ビルへの道が開かれたわけだが、その画期となったビルである。

霞が関ビルは、もと華族会館（霞会館《かすみかいかん》）などがあった場所に建てられた。当時は最上階の三十六階に有料展望台が設けられていたほど人気スポットだった。新橋方向から見ると、外堀通りに立ちはだかるように聳《そび》え立ち、今なお迫力充分である。

それに較べると、昭和四十九年（一九七四）の完成当時、世間に物議を醸《かも》した東京海上ビルは、さびしいかぎりだ。霞が関ビルにはおよばないが、高さ三十一メートルに揃った丸の内地区のビル群にあって、二十五階建て百メートルという高さは、群を抜いて高かっ

もとは服部時計店の社屋として建てられた「和光」

今でも存在感をみせる霞が関ビル（正面突き当たり）

た。皇居が見渡せるとして問題となり、当初の三十階、百二十七メートルの計画からは大幅に後退したものの、それでも一九八〇年代までこのビルの存在感は大きかった。皇居外苑から東京駅方面を眺めると、このビルだけが飛び抜けて高かったものである。それが今では、建て替えられた丸ビルや新丸ビルなどの高層ビル群にすっかり隠れてしまった。

このほか皇居周辺の景観事例としては、昭和六年に完成した警視庁の庁舎も同様の問題を引き起こしている。地上六階のビルの上に監視塔を建てるつもりだったのだが、ビルを含めた高さ百八十五尺（約五十六メートル）が問題になり、結局監視塔は三十五尺（約十一メートル）縮められて竣工した。そのためバランスの悪い形となっていたのである。

霞が関ビル完成後、堰《せき》を切ったように次々と超高層ビルが都心に出現する。淀橋浄水場跡地の再開発は、さながら摩天楼ラッシュとなった。一九七〇年代は、毎月のように日本一高いビルの座が交代した。その中で、東池袋にあった巣鴨プリズンの跡地が再開発され、昭和五十三年（一九七八）に高さ二百四十メートルのサンシャイン60が建設されると、超高層ビルラッシュは打ち止めとなった。

それ以降、高層ビルが一般化し、高さだけで人を呼び込める時代は終わったのである。現在の東京では、マンションですら、高さ百九十四メートル、五十八階建ての超高層建築

（中央区勝どきの「ザ・トウキョー・タワーズ」）が登場している。

注目されない清掃工場の煙突

高いのに注目されない存在として、清掃工場の煙突がある。視界の中に東京スカイツリーを探して、清掃工場の煙突を一瞬、東京スカイツリーと見誤った経験は、誰しもあるのではないだろうか。じつは東京都区部には、都心の五区（千代田・台東・文京・新宿・荒川）を除く十八区に二十もの清掃工場がある。その中でもっとも高い煙突は、池袋駅の北にある豊島区清掃工場のもの。高さはなんと二百三十メートルもある。これは近くのサンシャイン60の眺望が排煙で妨げられるのを避けるためだったという。

そのほかにも晴海《はるみ》にある中央清掃工場が百八十メートル、高井戸《たかいど》にある杉並清掃工場が百六十メートルといったぐあいに、タワー級の煙突が目白押しなのだ。〝お化け煙突〟として親しまれた北千住の火力発電所の煙突の高さが八十四メートルだったから、現代の清掃工場の煙突がいかに高いかがわかるだろう。なぜこの〝高塔〟が注目されないのか。人間は、見たくないものは無意識に忌避するものであろうか。それこそミステリーである。

時代は二十一世紀を迎え、ふたたびタワーの時代となった。開業前の東京スカイツリーは、下から眺めるだけの存在なのに、大人気である。写真撮影スポットでは、週末ともなれば撮影待ちの行列状態だ。スカイツリーが人気を集める一方で、完成から五十年以上経っても、東京タワーは、依然として年間約三百万人が来場している。筆者も数年ぶりに出かけてみたが、やはり賑わっていた。

人間、高いところが好きである。高いものを見るとわけもなく胸が躍る。登ってみたくなる。どうやら日本人には（否、人類には、か）、タワー好きのＤＮＡが埋め込まれているらしい。

さて、冒頭の歌川国芳の錦絵に戻ろう。国芳が予言したとして話題になった東京スカイツリーそっくりに描かれた建物は、実は井戸掘りの櫓《やぐら》と見られている。しかし井戸掘りの櫓にしてはやけに大きすぎるのだ。もはやミステリーとしかいいようがない。国芳は、塔への憧れを錦絵に託したのだろうか。それとも、やはり百八十年後を予言して描いたものなのだろうか。六百三十四メートルの塔を建設できる二十一世紀になっても、その謎は解けそうにない。

北千住火力
発電所跡
飛鳥山
公園
豊島清掃工場
天王寺
五重塔跡
サンシャイン60
旧寛永寺
五重塔
上野公園
凌雲閣跡
浅草寺
五重塔
東京
スカイツリー
新宿新都心
高層ビル群
靖国神社
浅草火力
発電所跡
ホテル
ニューオータニ
東京海上
ビル
警視庁
海軍省跡
霞ヶ関
ビル
銀座和光
愛宕塔跡
東京タワー
中央清掃工場
ザ・トーキョー
・タワーズ
増上寺
五重塔跡
東十条
十条
王子
尾久
上中里
駒込
田端
西日暮里
日暮里
三河島
鶯谷
板橋
巣鴨
大塚
池袋
目白
高田馬場
新大久保
東中野
飯田橋
水道橋
御茶ノ水
秋葉原
浅草橋
両国
錦糸町
神田
東京
有楽町
新橋
浜松町
田町
品川
五反田
目黒
恵比寿
渋谷
原宿
代々木
千駄ケ谷
信濃町
四ツ谷
新宿
大崎
大井町
西大井
北千住
南千住
上野
御徒町
八丁堀
越中島
潮見
文京区
台東区
千代田区
新宿区
渋谷区
中央区
港区
江東区
目黒区
品川区
東京港
東京湾
荒川
隅田川
環七通り
中山道
明治通り
不忍通り
旧白山通り
本郷通り
春日通り
目白通り
新目白通り
外苑東通り
靖国通り
昭和通り
江戸通り
蔵前橋通り
外堀通り
日比谷線
外苑西通り
青山通り
清洲通り
永代通り
首都高速9号深川線
首都高速3号渋谷線
首都高速2号目黒線
首都高速1号羽田線
首都高速中央環状線
首都高速5号池袋線
駒沢通り
山手通り
目黒通り
目黒線
中原街道
東急東横線
東急大井町線
西武池袋線
京成本線
常磐線
東武伊勢崎線
尾竹橋通り
墨堤通り
りんかい線
第一京浜
レインボーブリッジ
明治神宮
林試の
森公園
横須賀線

【第六話】火葬場三百年史

江戸の発展とともに火葬場は郊外へ

日本ほど火葬が一般的な国も珍しい。日本の火葬率は九十九％以上と、世界の中でも群を抜いて高い。世界一の火葬国家なのである。

火葬にも歴史がある。江戸における火葬は、市街地が形成されるにつれ、各寺院の境内の一角で、荼毘《だび》所や火屋《ひや》をしつらえて始まったようだ。その後、寺院周辺の墓地の区画が定まるにつれ、檀家は、付属の火屋で荼毘にふし、寺院の墓地に埋葬するのが一般的となっていった。しかし明暦三年（一六五七）に発生した明暦の大火後の江戸の復興計画や、江戸の街が周囲に拡大していく中で、火葬場もしだいに郊外地へ移転するとともに、火葬専門の施設（火葬寺や火場）が生まれるにいたる。それが小塚原《こづかっぱら》・千駄木《せんだぎ》・桐ヶ谷《きりがや》・渋谷・炮録新田《ほうろくしんでん》の火葬場であり、江戸五三昧《ざんまい》と称された。ここでいう三昧とは火葬場のことである。

たとえば、小塚原の火葬寺は、四代将軍徳川家綱《いえつな》が上野寛永寺へ参詣した際に下谷や浅草の寺院から出た火葬の臭気が東風に乗って東叡山におよんだのを咎《とが》めて、寛文七年（一六六七）に下谷・浅草の寺院二十ヶ寺の火屋を、小塚原刑場近くに集団移転したのがはじまりだった。ここは、伊能忠敬《いのうただたか》の「江戸御府内実測図」にも「小塚原火葬場」と記載されているほど名が知れていた。

　幕末には小塚原に加え、深川霊巌寺《れいがんじ》、砂村新田極楽寺、芝増上寺今里村下屋敷、代々木村狼谷《おおかみだに》、上落合村法界寺、桐ヶ谷村霊源寺の七ヶ所が火葬場となっている。このうち代々木村狼谷は、現在の代々幡《よよはた》斎場の前身。家康が江戸に入ったころは四谷にあり、その後千駄ヶ谷村を経て寛文四年（一六六四）に狼谷に移った歴史の古い火葬場である。上落合村法界寺は、火葬専門の寺院で、現在の落合斎場の前身だ。桐ヶ谷斎場につながる火葬寺である。

明治政府が禁じた火葬と江戸市中の埋葬

　明治六年（一八七三）七月、新政府は火葬と江戸市中（「朱引内《しゆびきない》」）の埋葬を禁止する。火葬の全面禁止は、火葬が仏教儀礼の象徴とみなされていたからだったというが、ほんとうのところはよくわからない。しかし都市部でこれはさすがに行き過ぎだったようで、土葬の土地不足や住民の批判を招き、明治八年（一八七五）五月には火葬禁止の布告が廃止された。ただし火葬の再開が認められた火葬場は、朱引外（市外）の小塚原（千住）・砂村・桐ヶ谷・代々木・上落合の五ヶ所で、従来の芝と深川は朱引内（市内）ということで許可が下りなかった。

明治初期の地図にも、落合、代々幡、小塚原は火葬場と明記されており、桐ヶ谷の火葬場の位置には、火葬寺の所在を示す卍が記載されている。百年以上前に、現在の落合・代々幡・桐ヶ谷の各斎場が、まったく同じ場所にあったことは驚くほかない。

明治十一年（一八七八）、イギリスの女性旅行家イザベラ・バードは、イギリス公使パークスと外務大輔森有礼《だゆうもりありのり》の仲介で桐ヶ谷火葬場を見学している。そこでは、桶に入れられた五遺体を一緒に火葬しており、その場合の火葬料は一体一円。単独で火葬する場合は五円かかると記録している。午後八時に棺を載せた御影石の架台の下の薪に点火して、拾骨するのが翌朝の六時であった。

コレラなどの伝染病や天災で多数の死者が生じると、火葬場は悪臭や感染などの問題をたびたび引き起こした。コレラが東京で大流行した翌年の明治二十年（一八八七）には、警視総監三島通庸《みしまみちつね》の名で「火葬場取締規則」を発している。それによれば、従来の五ヶ所だった火葬場を、市街外において八ヶ所まで認めるかわり、「人家及ヒ人民輻湊《ふくそう》ノ地」（人家と繁華街）から百二十間（約二百十六メートル）以上離すこととし、さらに火葬場の規模や環境へ配慮することなども明記されていた。

たとえば二百二十年の歴史をもつ小塚原の千住火葬場は、人家に近接していたため、三《み》河島《かわしま》村の町屋《まちや》に移されることとなった。また、岩井橋東詰めにあった砂村新田火葬場も人家から百二十間以上離す規定に抵触したため、許可を得て荻《おぎ》新田に移転している。もっとも、砂村新田の場合、じつは明治十九年（一八八六）のコレラ流行で死者が続出したとき、多数の遺体を火葬する過程で炉が過熱して出火、火葬場が火災で焼失していたという、やむにやまれぬ事情もあった。

火葬場が八ヶ所まで許容されたことで、新しく亀戸《かめいど》村と日暮里村に火葬場の設置許可が下りている。日暮里火葬場の新設が許可されたことにともない、火葬場の営業・管理を行なう東京博善という会社が、木村荘平《きむらそうへい》を頭取として設立された。木村は天保十二年（一八四〇）に京都郊外に生まれ、さまざまな商売に手を染め、幕末は伏見で薩摩藩相手の政商になった。

その際、薩摩藩に債権を踏み倒されるなど、散々な目にあっている。明治維新後は神戸で貿易会社や鳥取で米穀会社を作ったもののことごとく失敗。しかし木村はただでは起きなかった。警視局大警視川路利良《かわじとしよし》の招きで、明治十一年（一八七八）に東京に出てきたのである。

木村の事業欲は東京でも衰えを知らず、食肉会社や競馬会社、日本麦酒醸造（ヱビスビール）を製造）などを次々設立。そのうち成功したのが、「いろは」という牛鍋屋と火葬場経営であった。牛鍋屋経営は軌道に乗り、木村は〝いろは大王〟という渾名を奉《たてまつ》られたが、その名前には、二十店舗以上に増えた繁盛ぶりとともに、十数人の愛人たちに各店の差配をまかせたことへのやっかみもあったにちがいない。木村は本妻・愛人に三十人もの子を産ませている。

火葬場の新設に反対運動が相次いだこともあり、明治二十二年（一八八九）の「東京市区改正設計」では、火葬場は桐ヶ谷（荏原《えばら》郡大崎村）・代々木（南豊島郡代々幡村）・落合（南豊島郡落合村）・町屋（北豊島郡三河島村）・荻新田（南葛飾郡砂村）の五ヶ所にかぎられることとなった。この中に、二年前に許可された日暮里と亀戸は含まれていない。これは、近い将来市街化が予想されたため、それぞれ町屋と荻新田に移転させるつもりだったのである。

ところがすでに日暮里と亀戸の火葬場には多額の初期投資がなされていた。明治二十年（一八八七）の取締規則の改正を受け、火葬炉を煉瓦としたうえ、六十尺（約十八メートル）の高煙突を建設するなど、莫大な設備投資を行なっていたのである。これで移転費用は設置者負担というのだからたまらない。さらに日暮里の場合、移転先の町屋の用地には、すでに千住火葬場移転が完了していたことも二の足を踏ませた。案の定、延期計画は延び延びとなった。

東京市区改正設計を策定した際、東京市は五ヶ所の火葬場を買収して、すべて市営にする計画だったという。しかしそれは実現をみなかった。一方、木村荘平率いる東京博善は、落合・代々幡と次々に火葬場を吸収合併して、業務を拡大していった。東京の火葬事業は、民間主導で進んでいったのである。

長期化した日暮里・亀戸の火葬場移転

日暮里・亀戸両火葬場の移転計画は十年以上ストップしたままであった。移転問題は長期化したが、明治三十三年（一九〇〇）、市区改正委員会は、町屋火葬場の敷地を二倍に拡張して、増えた土地を日暮里火葬場側に斡旋することを提案、これで木村荘平も合意して移転の道筋がついた。明治三十七年（一九〇四）には移転した火葬場が業務を開始し、名称は町屋日暮里火葬場となった。

敷地は町屋火葬場と日暮里火葬場で画然と分かれており、門も二ヶ所あった。現在の町屋斎場も出入り口が南側に二ヶ所並んであるが、これは当時の名残《なごり》である。大正二年（一九一三）には、近くを走る王子電気軌道（現都電荒川線）に博善社前（現荒川七丁目）という停留場が開設されているが、町屋火葬場にちなんだ名前であった。

東京博善が建設した町屋の火葬場は、赤煉瓦の炉に高い煙突をつけた画期的な最新設備で、旧来の火葬炉の臭気などの問題を一掃している。それまで火葬は、薪《まき》を燃料として一晩かけて行ない、翌日の拾骨が一般的だったのである。夜間に火葬したのは、昼間に臭煙が立ち上るのを防ぐ意味合いがあった。大阪などでは昼の火葬を禁ずる条例が施行されていたほどである。

このあと木村は、荻新田（亀戸・砂村）の火葬場も買収して、大規模な火葬場への改装に着手していた。さらに木村は政界へも進出し、明治二十九年（一八九六）の選挙で東京市会議員に当選。その後東京府会議員を経て、代議士（衆議院議員）への転身をめざしていた。しかしその矢先の明治三十九年（一九〇六）、顎癌で急逝。みずから考案した台車式の火葬炉で荼毘にふされたのは本望だったろう。木村が発明したともいわれる自慢の新型の火葬炉は、使用料が高額だったため、利用者は現れず、結局木村が第一号となったというオチまでついた。

しかし木村荘平の遺産は、後を継いだ子妾に食いつぶされ、牛鍋屋の「いろは」も倒産。木村の栄華は一代限りで終わった。ただ、東京博善のみは、木村一族からはなれて業務を拡大していく。木村の夢の結晶であった町屋斎場には木村の銅像があったはずだが、訊ねてみると、わからないという。もう少し事情を訊こうとしたら、忙しいと断られてしまった。

大正期の東京博善は、金杉英五郎《かなすぎえいごろう》が社長に迎えられる。金杉は、東京慈恵会医科大学の初代学長を務め、衆議院議員に当選したのち、貴族院議員（勅選）となっていた名士だ。金杉は帝国議会（国会）でもたびたび東京の衛生行政の立ち遅れを指摘していた。

杉並堀ノ内になぜ火葬場ができたのか

現在東京二十三区内には、民営七ヶ所、都営一ヶ所（瑞江《みずえ》葬儀所）、臨海部広域斎場組合が運営する一ヶ所（臨海斎場）の、計九ヶ所の火葬場がある。このうち、民間の火葬場は、明治時代からあった桐ヶ谷・代々幡・落合・町屋の四ヶ所に加えて、亀青《かめあお》（四ツ木）・堀ノ内・戸田の三ヶ所がある。

大正七年（一九一八）には、東京の人口増と死亡者数増加により、火葬場不足が問題となった。当時東京府の火葬炉の合計は二百七十六基あり、火葬数は大正六年(一九一七)実績で五万三千十五体であった。スペイン風邪が大流行した時期には、八百五十六体の火葬が翌日回しとなった記録が残る。

実際は、四〜五日置かれた遺体も少なくなかったらしい。このため、新たな火葬場建設が急務となり、南葛飾郡亀青村に市区改正設計の火葬場が追加されることとなった。これが亀青火葬場(現四ツ木斎場)である。いわばインフルエンザが火葬場の増設を促したのである。この火葬場は東京市で運営する計画もあったが、結局民営で設置され、現在にいたっている。

豊多摩郡杉並村堀ノ内に新規火葬場の建設が許可された経緯はよくわからない。大正十二年(一九二三)九月の関東大震災発生で多数の遺体を火葬したため、東京周辺の火葬炉は損傷し、悪臭を発するようになってしまった。そうした混乱の中、杉並村に新規火葬場建設が許可されたものだという。

一方、明治に開設された荻新田火葬場は、近隣の市営瑞江葬儀所の開設で大きな打撃を受けたのに加え、空襲で被災。戦後も細々と営業を続けていたが、昭和四十年(一九六五)に廃止された。荻新田にあった「砂村火葬場」「亀戸火葬場」の門柱は、四ツ木斎場に現存しているというが、四ツ木斎場に問い合わせてもわからないという返事であった。

昭和二年（一九二七）に開設された民営の戸田葬祭場（板橋区船渡《ふなと》）は、少し変わった経緯を持つ。完成当時、船渡は東京府ではなかった。埼玉県北足立郡戸田村に属していたのである。ところが昭和五年（一九三〇）に北側に荒川放水路が開削されたため、一帯は分断されてしまった。本村との間を結ぶ橋などもなく、行き来するにも困難をきたすようになり、昭和二十五年（一九五〇）に東京都板橋区に編入されている。東京都内なのに埼玉県の「戸田」を冠しているのはそうした事情による。

戸田葬祭場以外の民営火葬場である町屋・落合・代々幡・四ツ木・桐ヶ谷・堀ノ内は、東京博善が一手に運営している。二十三区内で完全に公営なのは、昭和十三年（一九三八）開設の瑞江葬儀所一ヶ所だけであった。瑞江葬儀所以降、火葬場の新設はなかったが、平成十六年（二〇〇四）になって、大田区・目黒区・品川区・世田谷区が共同出資する臨海部広域斎場組合の運営する臨海斎場が、六十六年ぶりに新設されている。埋め立て地に立地し、半径一キロ圏内に人家がないことが新規開設を可能にしたのだろう。

それでも人口九百万人近い東京二十三区に、火葬場はわずか九施設しかない。都内全域に広げても、稼働中の火葬場は、十八ヶ所にとどまる（島嶼《とうしょ》部を除く）。火葬場の新設な

北松戸
松戸市
新八柱
足立区
中川
松戸
都営
八柱霊園
金町
東松戸
亀有
綾瀬
葛飾区
江戸川
市川大野
北千住
四ツ木斎場
町屋斎場
荒川区
小岩
千葉街道
船橋法典
市川市
市川
千住火葬場跡
荒川
台東区
新小岩
下総中山
西船橋
平井
両国
亀戸
京葉道路
首都高速7号小松川線
江戸川区
瑞江葬儀所
首都高速湾岸線
砂新田火葬場跡
首都高速9号深川線
首都高速中央環状線
潮見
央区
旧江戸川
江東区
新浦安
浦安市
東京湾

戸田葬祭場
和光市
浮間舟渡
北赤羽
赤羽
北本通り
笹目通り
板橋区
北区
十条
隅田川
練馬区
環七通り
日暮里火葬場跡
豊島区
田端
西日暮里
池袋
春日通り
白山通り
日暮
文京区
落合斎場
吉祥寺
西荻窪
荻窪
阿佐ヶ谷
新大久保
飯田橋
秋葉
杉並区
新宿区
堀ノ内斎場
四ツ谷
千代田
東京
首都高速4号新宿線
渋谷区
代々幡斎場
新橋
渋谷
首都高速3号渋谷線
環八通り
恵比寿
港区
桜田通り
世田谷区
目黒区
五反田
品川
登戸
桐ケ谷斎場
東名高速道路
環八通り
品川区
多摩川
高津区
横須賀線
臨海斎場
第三京浜道路
府中街道
武蔵中原
厚木街道
大田区
中原区

ど難しいのであろう。地図を見ると、火葬場が古くから同じ場所にある事実がよくわかる。

当初は人家から離れた場所に開設したのだろう。だが、今ではどこも周囲は人家が密集している。移り変わりの激しい東京において、江戸時代から同じ場所に同じ目的で存在しつづける施設は、一部の寺社と火葬場くらいのものだ。ランドマークのように聳えていた高煙突はとうに消え、あからさまに火葬場とわかるところは少ない。過去に問題となった臭気や煙の問題も、炉や燃料の改善で劇的に改善したときく。

火葬場や墓地の移転後の痕跡は、記念碑が建つわけでもなく、遺構は残らない。むしろ早く記憶から消えそうとしているようにもみえる。しかし日暮里火葬場跡（荒川区西日暮里一丁目）には与楽地蔵が祀られた祠がある。浅香勝輔《あさかかつすけ》・八木澤壮一著『火葬場』（昭和五十八年［一九八三］刊）という書物には、「そのなかに『元火葬場諸精霊』と記された、白木の位牌が安置されている」という記述があるが、現地を訪れても現在そういったものは存在しない。地蔵の隣に「南無妙法蓮華経　日蓮大菩薩　大地神並因縁一切之霊」と刻んだ石碑が建つが、これが火葬場と関係があるものかは不明である。すでに火葬場廃止から百年以上が経過し、もはや住民の記憶からも完全に消えているのであろう。

【第七話】皇居を囲む銅像百年戦争

銅像だらけだった戦前の東京

永田町といえば日本の政治の代名詞である。事実、この界隈には、国会議事堂を中心に、議員会館や総理大臣官邸、政党本部などが建ち並んでいる。道路の幅もおそろしく広い。

戦前このあたりに目立っていたのが銅像で、宮城《きゅうじょう》（皇居）周辺には、なんと二十以上もあった。さすがに軍人が多く、陸軍関係では有栖川宮熾仁親王《ありすがわのみやたるひと》（参謀本部に建立。カッコ内は建立場所、以下同）・大山巌《おおやまいわお》（参謀本部）・山県有朋《やまがたありとも》（陸軍大臣官邸）・寺内正毅《てらうちまさたけ》（陸軍兵器本廠）・川上操六《かわかみそうろく》（九段坂）・北白川宮能久親王《きたしらかわのみやよしひさ》（近衛師団）、海軍関係では西郷従道・仁礼景範《にれかげのり》・川村純義《かわむらすみよし》（以上海軍省）。

それらに対して文民は、伊藤博文《いとうひろぶみ》（議事堂前）・川路利良《かわじとしよし》（警視庁）・松田正久（司法省）・大木喬任《おおきたかとう》（大審院）・陸奥宗光《むつむねみつ》（外務省）・品川弥二郎《しながわやじろう》（九段坂下）・奥村五百子《おくむらいおこ》（牛ケ淵）・井上勝《いのうえまさる》（東京駅）。このほか歴史的人物像として、楠木正成《くすのきまさしげ》（宮城前広場）と和気清麻呂《わけのきよまろ》（大手濠端）・大村益次郎《おおむらますじろう》（靖国神社）・太田道灌・徳川家康（以上東京市役所）があった。

戦前の日本は銅像だらけだった。現在では銅像といえば裸婦像が目立つが、当時多かっ

楠木正成像（宮城前広場）

和気清麻呂像（気象庁前）

たのが軍人の銅像である。東京初の西洋式銅像である大村益次郎像が建立されたのも、戊辰戦争という軍務の功績によるものであった。大村を含めると、地図に記された宮城周辺の十七体中十体が軍関係である。陸海軍関係の官衙が宮城周辺に多かったのは事実だが、それ以上に、功績を末長く顕彰する目的で建立される銅像と、戦争で功績を挙げた軍人とは、相性がよかったのであろう。

戦争により銅像が回収の憂き目に

しかし銅像は、第二次世界大戦とともに受難の時代を迎える。金属類の不足にともない、昭和十三年（一九三八）八月には、新たな銅像の製造が禁止されてしまうのである。その後、銅製品を含む金属回収の動きは加速していった。それでもこの時期までは自主的供出に留まっていた。しかし開戦から一年四ヶ月が経過した昭和十八年（一九四三）三月、東條英機《とうじょうひでき》内閣は「銅像等ノ非常回収実施要綱」を閣議決定。逼迫する金属需給を背景に、既設の銅像、製作中の銅像を問わず、強制的な回収に乗り出すのである。

銅像の献納は、「応召」「出征」といった語を用いて、戦意高揚の宣伝に利用された。銅像は単なる非宗教的な偶像にすぎない。しかし表情や形状がリアルだったために、擬人化しやすかったのも事実である。銅像の引き下ろしにあたって、「壮行会」「出陣式」「献納式」など、盛大な式典が行なわれたのも、その表れであろう。

　手間ひまかけて全国から回収した銅像だったが、銅像を鋳つぶして作った銅は、兵器や工業製品製造にはあまり適さなかった。結果的に見ると、銅像の献納とは、象徴的意味しかもたなかったのである。心を痛めた彫刻家の朝倉文夫《あさくらふみお》が、実際的効果の少ないことを理由に回収の中止を求めたものの、受け入れられなかった。大々的に国民的運動に仕立てて宣伝してしまったがために、もはや撤回できなかったのである。

　三宅坂《みやけざか》の寺内正毅像（北村西望《せいぼう》作）は、騎馬像としての美術的価値が高いため、存置と思われていた。だが予想に反し、この像は真っ先に「応召」されている。これは、子息の意向がはたらいたといわれる。寺内の長男の寺内寿一《てらうちひさいち》は、父同様陸軍の軍人だった。しかも父同様、元帥陸軍大将という高位で、南方軍総司令官という要職にあった。そのため、率先して国策に協力する必要があったのである。

銅像受難の時代ふたたび

　昭和二十年（一九四五）八月、国土を焦土と化して、戦争は終わった。連合軍による軍政が施行されたドイツとは異なり、日本の場合は、天皇と政府が存続する間接統治という手法がとられた。しかし占領は占領である。ほどなく国民は、敗戦の現実に直面することとなった。

戦時中とは百八十度政策が転換し、軍国主義追放という大義が掲げられた。各地の銅像もまた、戦時中とは違った意味で、ふたたび受難の時代に突入するのである。

終戦から約一年経った昭和二十一年（一九四六）十一月、内務・文部両次官から各地方長官あてに通牒が出された。これは政教分離と軍国主義排除を目的としたものだったが、この中に銅像の撤去を求めた処置が含まれていた。

この通達などをもとに、東京都では昭和二十二年（一九四七）一月、「忠霊塔、忠魂碑等の撤去審査委員会」が設置された。そして最終的に、宮城周辺では大山巖（新海竹太郎作）と山県有朋（北村西望作）の騎馬像が撤去されることになった。そして上野の東京都美術館の裏庭に、銅像本体だけが地面に置かれた。

二体の騎馬像はそのまま放置されていた。剣や手綱が折り取られるなど、管理も劣悪であった。その後山県有朋像は、昭和三十七年（一九六二）に制作者である北村西望のアトリエのある井の頭自然文化園彫刻園に移され、大山巖像は昭和三十九年（一九六四）に現在の九段坂に設置されることになった。戦前、川上操六の銅像があった一角である。往時は品川弥二郎像（本山白雲《もとやまはくうん》作）と川上操六像が並んでいたが、戦後は品川弥二郎の隣に大山巌の騎馬像が鎮座することになったのである。

皇居周辺は銅像ラッシュ

皇居周辺の銅像めぐりに出かけてみた。銅像は動かないものの代表のように思われるが、事情に応じて結構動いて（動かされて）いるものである。最初に訪ねた東京駅の井上勝像からしてそうだった。丸の内駅舎の復元工事の関係で一時撤去されているのである。

井上勝は、伊藤博文・井上馨《いのうえかおる》らとともに幕末ひそかに英国留学したいわゆる「長州ファイブ」のひとりだ。留学中はもっぱら鉄道技術を学んだ。帰国後は、創業からずっと鉄道事業に関わり、生涯を日本の鉄道の発展にささげた、文字どおり鉄道の父である。戦時中に供出された井上勝像は、昭和三十四年（一九五九）に朝倉文夫の制作で再建され、国鉄本社で除幕式が行なわれた。ふたたび東京駅頭に設置されたのは二年後の昭和三十六年（一九六一）だが、その後も地下駅工事などのたびに撤去と再設置を繰り返している。

つづいて訪ねた皇居前広場の「楠正成像」も、最初からここにあったわけではない。明治三十年（一八九七）に像が完成した当初は馬場先門に設置された。しかし明治三十三年（一九〇〇）の台座完成と同時に現在地に移ってきたのである。大楠公《だいなんこう》の顔を制作した高《たか》村光雲《むらこううん》の回想によれば、二重橋のたもとに設置される可能性があったが、宮内省の意向がはたらき、やや離れた現在地に落ち着いたのだという。像の向く方角は西南西で、はるか先には京都がある。馬上の正成の視線は、やや右を向き、二重橋をみすえている。

大楠公といえば戦前は忠君愛国の象徴的人物だったわけだが、戦後間もない昭和二十三年（一九四八）、兜の鍬形（前立）が折り取られる被害に遭っている。戦前の常識では到底考えられない出来事であった。

楠木正成とともに忠臣として喧伝された歴史的人物が、道鏡《どうきょう》の皇位簒奪を阻止した故事で知られる和気清麻呂である。気象庁前の大手濠端に南面して建つ和気清麻呂像は、高さ四・二メートルにも達する巨像だ。皇紀二千六百年記念事業の一環として建立が決まり、朝倉文夫・北村西望・佐藤朝山（清蔵）の三名が競作することになったが、等身大の原型試作を提出したのは佐藤朝山ひとりだった。

北村西望は事前に辞退し、朝倉文夫は説明の不備から三者による競作と知らずに原型を仕上げ、競作と知った段階で辞退している。昭和十五年（一九四〇）に除幕された像は当初、宮中の敷地に設置する話もあったらしいが、結局宮城の鬼門（北東）の位置に、南面して設置された。蛇足ながら、清麻呂が吊るす剣は終戦後に一度盗難に遭っている。

この巨像とて、昭和三十八年（一九六三）八月から翌年末までの約一年半、営団地下鉄五号線（東西線）建設工事に伴い、五百メートルほど南のパレスホテル前の植え込みに移動したことがある。ちょうど東京オリンピック開催をひかえて、東京中で地面を掘り返していた時代の出来事であった。

ふたたび皇居前広場を南に向かい、桜田門を抜けて、桜田濠沿いに三宅坂を上る。かつての参謀本部正面には、初代参謀総長となった有栖川宮熾仁親王の騎馬像（大熊氏広作）が桜田門の方角を向いて建っていた。この像に関しては、戦時中の献納も戦後の撤去対象からもはずれていたはずである。だが、親王像があった場所は、今は跡形もない。東京オリンピック直前に開通した首都高速都心環状線が走っているからだ。

親王の銅像は、工事開始前の昭和三十七年（一九六二）、首都高速工事を理由に、旧参謀本部前から南麻布の有栖川宮記念公園に移されていたのである。以来四十九年。親王像は、公園の片隅にひっそりと建っている。昭和三十年代の都市計画で、永田町周辺はがらりと趣《おもむき》を変えた。国会周辺の区画整理に伴い、昭和十一年（一九三六）に建立された高さ五メートル（台座まで含めれば十一メートル）の伊藤博文像も国会用地の中に取り込まれてしまい、自由に間近で見ることができなくなってしまった。

三宅坂上の一等地に建立されたのが、総理大臣まで昇りつめた元帥寺内正毅陸軍大将の騎馬像であった。だが、この像は先に述べたとおり、戦時中に献納されてしまった。しかし本体以外は撤去されず、台座とその周辺のがっしりした石組みはそのまま残された。ここには戦後、なんとも場違いな銅像が設置されている。その名も「平和の群像」（菊池一雄作）という裸婦像だ。

台座上の三人の裸婦は、「愛情・理知・意欲」を象徴しているという。電通の前身である日本電報通信社が、創立五十年を記念して昭和二十五年（一九五〇）に設置（東京都に寄贈）したものである。不釣り合いなこと夥《おびただ》しいが、だからこそ見ておく価値がある。昭和二十年（一九四五）八月十五日を境に日本に何が起きたのかを実見する最良の教材として。

「平和の群像」は、広告功労者を顕彰して建立された一面がある。この群像と対をなしているのが千鳥ヶ淵公園の「自由の群像」（菊池一雄作）だ。電通創立五十五年目にあたる昭和三十年（一九五五）に新聞人を顕彰する目的で建立された経緯を持ち、台座上には三

伊藤博文像（国会敷地内）

自由の群像（千鳥ヶ淵公園）

体の裸体の男性像がポーズをとっている。三体が象徴するのは、「自由・自尊・進取」である。さらに電通は、創立七十周年にあたる昭和四十六年（一九七一）、放送功労者を顕彰するため、代々木公園に「しあわせの像」（菊池一雄作）を建立している。若い夫婦が並んで腰掛け、そこに幼い子供がもたれかかっている群像だ。三体は、「家族の幸せ」を象徴しているのだという。

電通が東京都に寄贈した三つの群像、「平和」「自由」「しあわせ」は、それぞれ昭和二十年代、三十年代、四十年代を象徴する憧れの価値観だった。それにしても三つの像の建立目的が「広告功労者」「新聞人」「放送功労者」顕彰とは、できすぎている気がしなくもない。広告・新聞・放送業界は、戦後の日本を動かした影の権力とでもいう一面があるからである。建立場所が旧軍ゆかりの場所というのは偶然にしても。

意外と引っ越しをしている銅像たち

銅像の移転は過去のものではない。最近では平成八年（一九九六）、九段坂交番の脇にあった平田東助像（新海竹太郎作）が移転の憂き目を見ている。これは、像の敷地周辺に「仮称・戦没者追悼平和祈念館」（昭和館）を建設することになり、国の要請を受けた全国農協中央会（像を建立した産業組合中央会の後身のひとつ）が、中央協同組合学園（東京都町田市）の構内に移設したのである。もとの像が皇居周辺の九段坂下に建立されていたことから、あえて大正天皇と昭和天皇の御陵と対面する位置に復元しているそうだ。

平田東助は、山県有朋の子分的存在として大正時代に権勢を振るった政治家である。実際に山県の姪の婿でもあった。平田が産業組合中央会の初代会頭だった関係で銅像が建立されたのである。

しかし大正十年（一九二一）の建立から八十年近く経過した平田東助の銅像移転は、まったく世間の話題にならなかった。いや、平田だけではない。銅像のほとんどは、像主が誰であろうと除幕式の瞬間から忘れられつつある運命を背負っているといっていい。建立するときは熱烈な運動が巻き起こるが、建立後は誰も顧みない状況。昔も今も変わらない銅像の宿命といえよう。銅像受難の時代は、日本中のあちこちでいまだに続いているのだ。

九段坂を上がれば、左に品川弥二郎子爵像と大山巌元帥像が並んでいる。大山巌像は昭和三十九年（一九六四）に上野から移ってきた。それにしても不思議なのは、手前の品川弥二郎像である。戦中戦後の激動期をくぐり抜け、建立以来変わらず九段坂にある。皇居周辺で、建立以来一度も動いていない銅像は、靖国神社の大村益次郎と九段坂公園の品川弥二郎の二体しかない。品川の場合、目立たない人物だったことが幸いしたのだろうか。戦時中隣にあった軍人の川上操六陸軍大将の像が献納されたのに、不遇な晩年をおくった文民の品川の像が戦時中もそのまま残った理由は謎である。そもそも品川の像が、あまたの顕官を押しのけて都心の一等地に建立されたことが不思議なのだが。

日本武道館のある北の丸は戦前、近衛師団司令部や近衛歩兵第一・第二聯隊など、陸軍施設が集中していた。明治三十六年（一九〇三）には、宮城乾門《いぬい》と向かい合う近衛歩兵第一・第二聯隊の正門前に北白川宮能久親王の騎馬像（新海竹太郎作）が建てられ、周囲を睥睨《へいげい》していた。能久親王といえば、幕末は輪王寺宮《りんのうじのみや》として上野の寛永寺に東下し、最後まで新政府軍に抗した人物として知られる。明治維新後一時謹慎するが、陸軍軍人となり、近衛師団長として日清戦争に出征。台湾でマラリアに罹り病没した。明治維新後、皇族ではじめての戦病死である。

親王の騎馬像は、戦後もそのままの位置にあったが、昭和三十八年（一九六三）、北の丸公園整備を理由に、北の丸南西隅にある旧近衛師団司令部（現東京国立近代美術館工芸館）脇の人目につかない場所に移された。旧参謀本部正門の有栖川宮熾仁親王と北の丸の

品川弥二郎像（九段坂公園）

大山巌像（九段坂公園）

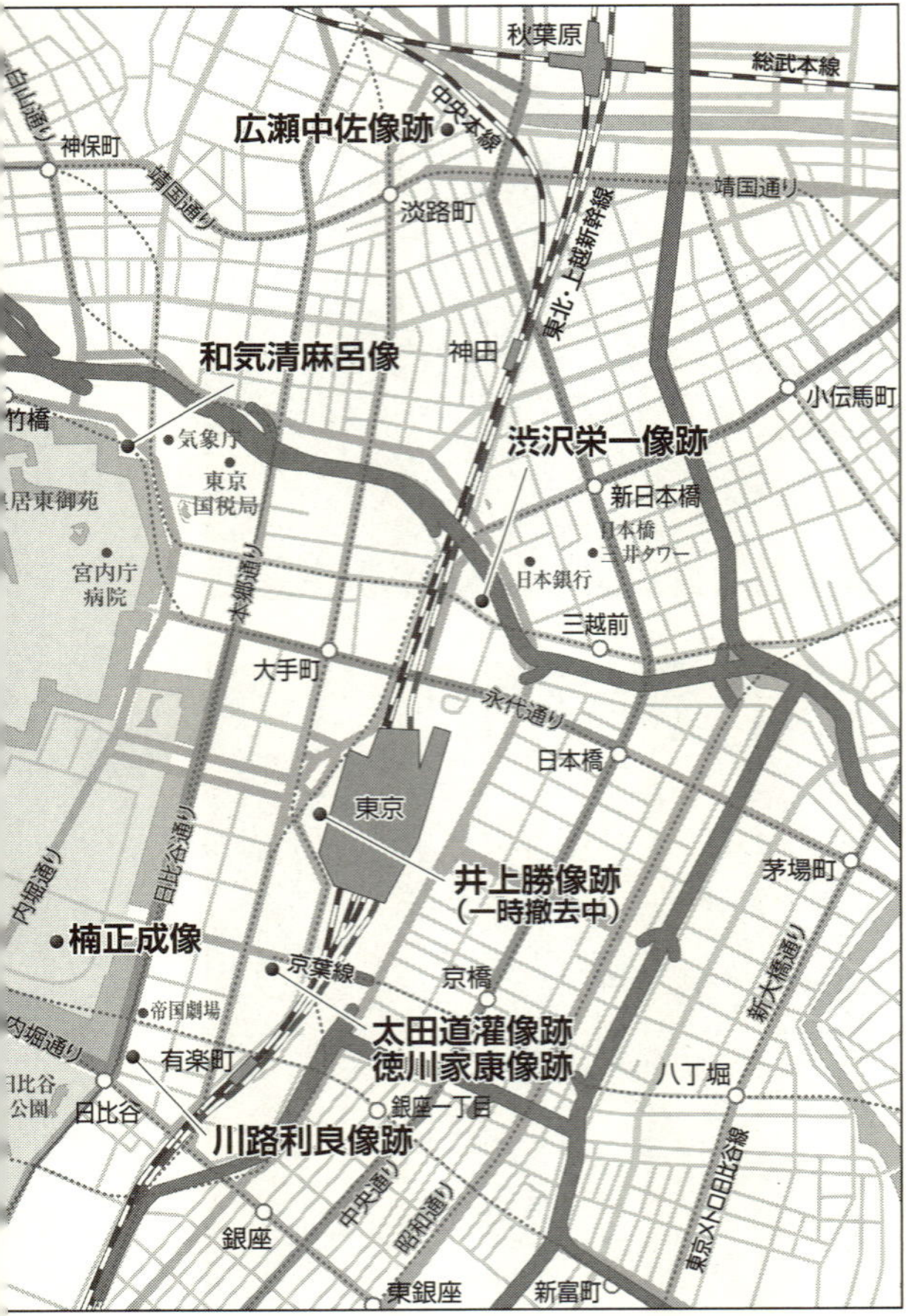
秋葉原
総武本線
中央本線
白山通り
神保町
広瀬中佐像跡
靖国通り
淡路町
靖国通り
東北・上越新幹線
神田
和気清麻呂像
小伝馬町
竹橋
気象庁
東京
国税局
渋沢栄一像跡
新日本橋
居東御苑
日本橋
三井タワー
宮内庁
病院
日本銀行
本郷通り
三越前
大手町
永代通り
日本橋
東京
日比谷通り
内堀通り
井上勝像跡
(一時撤去中)
茅場町
楠正成像
京葉線
京橋
新大橋通り
帝国劇場
太田道灌像跡
徳川家康像跡
内堀通り
有楽町
八丁堀
日比谷
公園
日比谷
銀座一丁目
川路利良像跡
東京メトロ日比谷線
中央通り
昭和通り
銀座
東銀座
新富町

川上操六像跡
（大山巌像）
大村益次郎像
品川弥二郎像
九段下
中央本線
靖国神社
平田東助像跡
都営新宿線
奥村五百子像跡
科学技術館
市ヶ谷
国立近代
美術館工芸館
北白川宮能久
親王像
外苑通り
千代田区
自由の群像
区立
千鳥ヶ淵
公園
半蔵門
皇居
四ツ谷
新宿通り
麹町
国立
劇場
寺内正毅像跡
（平和の群像）
最高
裁判所
首都高速4号新宿線
有栖川熾仁
親王像跡
赤坂
御用地
永田町
松田正久像跡
伊藤博文像
桜田門
赤坂見附
山県有朋像跡
国会
議事堂
大木喬任像跡
青山通り
大山巌像跡
東京メトロ丸ノ内線
溜池山王
国会議事堂前
霞ケ関
陸奥宗光像
赤坂サカス
西郷従道像跡
赤坂
外堀通り
桜田通り
東京メトロ千代田線
川村純義像跡
仁礼景範像跡
虎ノ門

北白川宮能久親王の騎馬像が、東京オリンピックをひかえたほぼ同時期に移動したのは、勇ましい軍服姿の皇族の騎馬像が目立つ場所にあってはならないという配慮がはたらいたためではないだろうか。戦時中の金属供出や敗戦後の軍国主義追放の銅像撤去の荒波をくぐり抜けて残った二体の皇族像だが、オリンピックという現代の錦旗には勝てなかったのかもしれない。

【第八話】地図の空白域を歩く

じつは地図もウソをついている

最新の地図は、正確に現状を反映しているものだと、ほとんどの人が考えているにちがいない。つまり航空写真をそのまま図化したようなイメージである。ところが、実際には、どんな地図であれ、見やすさなどを考慮し、道路を太く表現するなど、さまざまな作為が介在している。また、地図には、地図記号や等高線など、独特の〝文法〟がある。しかし、地図の作為は、それればかりではない。明らかな「配慮」が感じられる場合も少なくないのである。

一例を挙げるならば、企業の工場や自衛隊用地の細かな表記が省略されていることである。もっとも甚だしいのは、広大な面積を占めるアメリカ軍施設だ。横須賀基地を見ても横田基地を見ても厚木基地を見ても、一応建物の輪郭線はあるものの、建物の名称や用途について、何ひとつ表記がないのだ。一般の市街地が、こと細かく表記されているのに対して、あまりにも情報量が少ない。テロの脅威に備えてという目的は想像がつくが、こうした秘密主義を見ても、アメリカ軍が「テロとの戦争」の真最中だということがわかる。

また最近では、国土地理院の電子国土基本図から送電線が消えている。これは、「保安上の理由」などにより、電力会社が資料の提供を拒んだためだ。近い将来、地形図からも送電線は姿を消すのであろう。

現代でさえそうなのだから、軍機保護法などを制定し、機密保持に敏感だった戦前・戦中期の地図表記の曖昧《あいまい》さは、現在の比ではなかった。たとえば大正四年（一九一五）十二月以降、宮城・離宮・皇族邸などについては、内部の建物や地形が、地形図から抹消されることになった。戦前の地図を見て抱く違和感が空白域の多さだが、それはこのときから始まったのである。

さらに昭和十二年（一九三七）六月、「国土防衛上秘密保持を要する土地建物等」は、地図上で偽装改描して市販することとなった。軍事施設のほか、水道、電気、保安関連などの施設が該当した。皇室施設に関しても地図に偽装が施されることとなった。

昭和十年代の東京の地図を現代人が目にしたらどんな感想を漏らすだろうか。たとえば都心部を見ると、緑地の多さに驚くかもしれない。しかし緑地に見えた大部分は、軍用地であり、宮邸であり、浄水場だった。これが「戦時改描」である。参謀本部陸地測量部の地図に、堂々とウソが描かれていたのだ。

都市部の地図の空白域には何があるのか

では実際に都心部の地図の空白域には何があったのだろうか。現地を訪ねてみることにした。都心部に広がるいちばん広い空白域が宮城、次いで赤坂御用地、新宿御苑の順だ。この三つを別格とすれば、空白域の広さで群を抜くのが紀尾井町《きおいちょう》周辺である。大正時代の地図では空白となっているが、宮邸の記述はなされている。伏見宮邸と北白川宮邸と閑院宮《かんいんのみや》邸という名が見える。伏見宮邸がもっとも広く、次いで北白川宮邸。弁慶堀《べんけいぼり》を隔てて向かい合う閑院宮邸はやや狭いようだ。狭いといっても優に二万平方メートル近くはあるだろう。

宮邸の中でもっとも広い面積をもっていた伏見宮家は、北朝の崇光《すこう》天皇に始まる宮家で、戦前の十一宮家の中でもっとも古い家格を誇った。明治維新後は彦根藩主井伊家中屋敷跡に邸宅を構え、広大な敷地の中央には、東宮御所（現迎賓館）などの設計で知られた片山東熊《かたやまとうくま》の手になる洋館が建っていた。

この屋敷は、関東大震災で倒壊したため、昭和四年（一九二九）に総檜造りの和風の邸宅が建設されている。和風を選択したのは、当主の伏見宮博恭《ひろやす》王の趣味であった。博恭王は、昭和七年（一九三二）二月に海軍の軍令部長に就任し、元帥の称号を得るなど、海軍

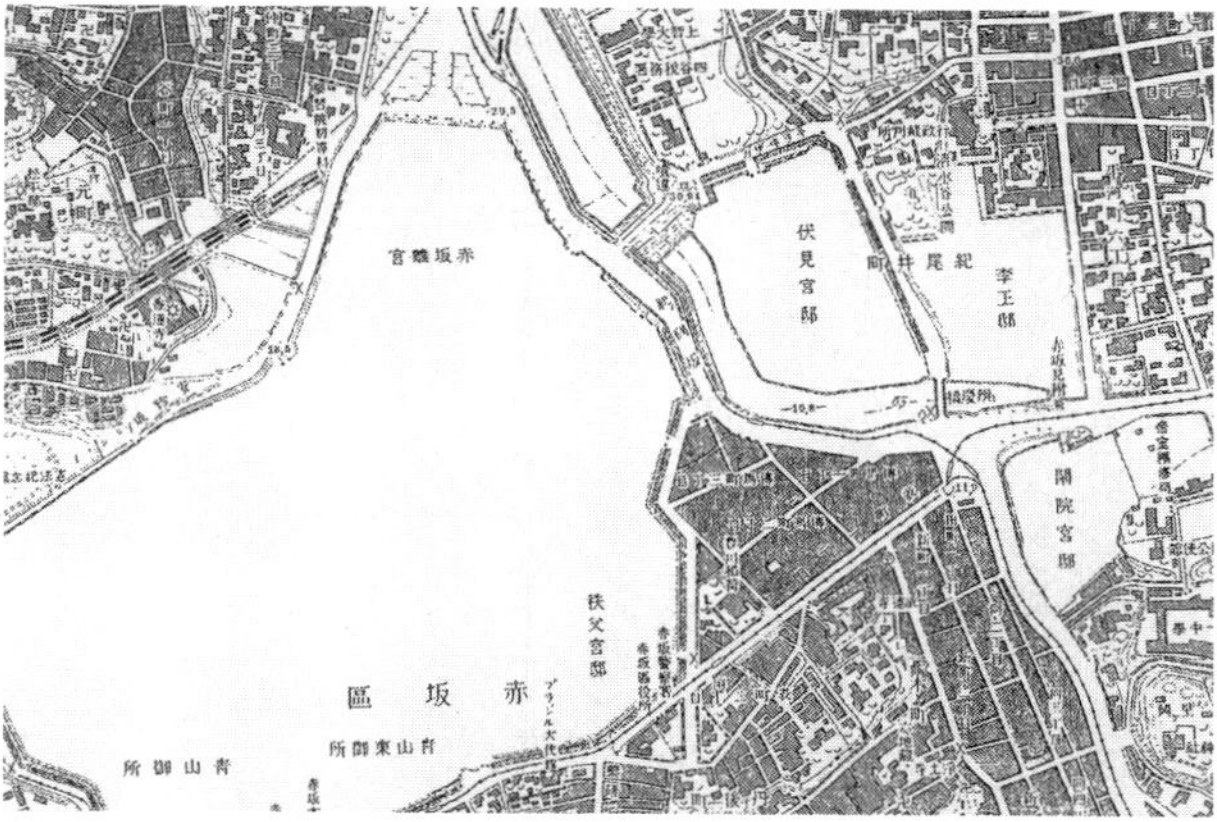

上・昭和７年発行の１万分１図「四谷」

下・昭和15年発行の１万分１図「四谷」

における絶大な権威を手にしていた。

戦後、臣籍降下した伏見宮家が広大な土地を手放したのちは、実業家の大谷米太郎《おおたによねたろう》が所有。この土地には、東京オリンピックを控えた昭和三十九年（一九六四）、ホテルニューオータニがオープンしている。広大な庭園と清泉池が、宮邸だった時代をわずかにしのばせている。

伏見宮邸の東側にあったのが北白川宮家である。北白川宮家は明治四十五年（一九一二）に高輪に移り、昭和五年（一九三〇）、梨本宮方子《なしもとのみやまさこ》と結婚した李王垠《りおうぎん》が、北白川宮邸跡に新居を構えることとなった。このとき瀟洒《しょうしゃ》なチューダー様式の邸宅が建てられている。戦後、この土地を手に入れたのは西武鉄道の堤康次郎《つつみやすじろう》で、昭和三十年（一九五五）に赤坂プリンスホテルが開業している。旧李王邸は、ほぼそのままの内外装で、最近までホテルの施設として使用された。現在ホテルの営業は終了し、敷地はマンションなどに再開発される予定だが、旧李王邸は移築して保存されるという。

赤坂見附の南にあった閑院宮家の敷地は、占領軍の住宅を経て、衆議院議長公邸になった。閑院宮家は、現在の皇統の直接の祖となる光格天皇を出した家として知られる。戦前、長く当主を務めた閑院宮載仁《かんいんのみやことひと》親王は、陸軍の軍務が長く、大正八年（一九一九）には元帥の称号を受けている。

明治二十九年（一八九六）に建てられた洋館の邸宅は、伏見宮邸と同じ片山東熊の設計であった。

品川駅前にぽっかり空いた大きな空白

次に訪ねたのは高輪である。品川駅前の高輪にも広大な空白域が広がっており、地図には北白川宮邸、竹田宮邸、朝香宮邸という表示がある。高台の一等地で、江戸時代は薩摩藩主島津家の屋敷があったところだ。明治維新後に高輪南町御用邸とされたが、その後、明治天皇の皇女が嫁いだ宮邸に分与されていったのである。

戦後、直宮《じきみや》を除く宮家が臣籍降下する中で次々と売却され、北白川宮邸、竹田宮邸、朝香宮邸は、それぞれ新高輪プリンスホテル（現グランドプリンスホテル新高輪）、高輪プリンスホテル（現グランドプリンスホテル高輪）、ホテルパシフィック東京（現京急ＥＸイン品川駅前）となった。毛利邸跡地に建てられた品川プリンスホテルと合わせ、品川駅前の巨大ホテル群はすべて宮邸・華族邸跡だったのである。戦前にあった建物のほとんどが空襲で焼失したり建て替えられたりしたが、わずかに竹田宮邸がグランドプリンスホテル高輪貴賓館として活用されている。

渋谷にも空白域は存在した。それが梨本宮邸である。紀行作家として名を馳せた宮脇《みやわき》俊三《しゅんぞう》の自伝的作品『時刻表昭和史』には、昭和八年（一九三三）の梨本宮邸を活写したくだりがある。広大な梨本宮邸は、少年時代の宮脇俊三の遊び場のひとつだった。少し長いが引用してみよう。

梨本宮邸の表門は青山通りに面していたが、裏門は市電の試運転場のはずれにあった。つまり私の家のすぐ前であった。裏門といっても、広大な邸の門であるから、二本の太い御影石がそそり立ち、門前の家々を見下ろしていた。

車の出入りできる、その大きな裏門の扉は、なぜかつねに開かれていて、広い玉砂利の道が植込みのなかへと消えていた。門の内側には、私たちが「門番の家《うち》」と呼んでいた木造の平家があり、人は住んでいたが、その姿を見かけることは稀であった。私たちはしばしば邸内に入って遊んでいたのだが、追い出された記憶はない。どんな人が門番だったかも覚えていない。

皇族の邸が、なぜそんなに開放的であったのか理解に苦しむが、子どもたちは盛土

グランドプリンスホテル高輪貴賓館

美竹公園は梨本宮邸跡の一部

の塀の裏側あたりをちょろちょろするだけで、奥へは入らなかったから、虫けらぐらいにしか思っていなかったのかもしれない。

私たちは邸の奥へは入らなかった。静寂で威圧感があり、なんとなく怖かったのである。

渋谷駅近くの一等地にあった梨本宮邸跡は、一部が美竹公園となっているほか、東京都児童会館やマンションが建て込んでいる。今の渋谷に当時の深閑とした面影を探すのは困難であった。

東京ミッドタウンなどの新名所は軍用地だった

空白域といえば、軍用地を想像してしまいがちだが、昭和の初めまで、軍用地はきちんと記載されていた。軍用地が「改描」という名の偽装で地図から姿を消すのは、昭和十二年（一九三七）六月以降である。

都心の赤坂界隈にあった歩兵第一聯隊《れんたい》や第三聯隊、あるいは北の丸にあった近衛師団《このえしだん》とその隷下《れいか》の聯隊などが地図から姿を消した後は、緑地や公園、住宅地に偽装されていった。昭和十年代の地図が緑地だらけなのは、それだけ都心に軍用地や宮邸が多かったことを示している。

戦前、都区部で軍施設が集中していたのは、赤坂・青山、北の丸・市谷、戸山・大久保、赤羽・王子、目黒、中野、世田谷といった各地区である。

数年前、六本木に相次いでオープンした東京ミッドタウンと国立新美術館は、もとをたどれば軍用地だ。東京ミッドタウンは、平成十二年（二〇〇〇）まで防衛庁があったが、戦前は歩兵第一聯隊の衛戍地《えいじゅち》だった。また、国立新美術館は、歩兵第三聯隊（この聯隊の満洲移駐後は近衛歩兵第五聯隊）が使用していた。曲線の廊下が続く斬新な建築の兵舎は、地形図には細かく分割された建物として記載されている。

青山霊園の東には、歩兵第一・第三聯隊を管轄した第一師団司令部があったが、その南にあった射撃場は地図では荒れ地になっている。TBSのある赤坂サカスは、近衛歩兵第三聯隊のあった場所だが、地図では開発途上の新興住宅地といった風情に描かれている。

旧江戸城の一角、北の丸には近衛師団司令部と隷下の歩兵聯隊があった。日本武道館のある北の丸公園は、そっくり軍用地だったのである。大正時代の地図には、聯隊兵舎が井桁状に建ち並んでいた様子がわかる。昭和十年代になると、公園のように描かれているが、陸軍施設の記号と「北白川宮銅像」の文字が、違和感を醸し出している。

現在の北の丸は、地形図が予言したごとく、全体が公園に変貌し、戦前をしのばせるものは、東京国立近代美術館工芸館となった近衛第一師団司令部と、北白川宮能久親王騎馬像、それに園内にひっそりと建てられた近衛歩兵第一聯隊と第二聯隊の記念碑くらいのものだ。

尾張徳川家の上屋敷だった防衛省

現在防衛省のある市谷台《いちがやだい》は、戦前は陸軍士官学校の代名詞として知られ、戦時中は大本営陸軍部が置かれていた。戦後は一時極東国際軍事裁判の法廷が設置され、その後は、昭和三十四年（一九五九）まで米軍将校の家族住宅「パーシング・ハイツ」として使用されている。返還後は防衛庁が移転するまで、陸上自衛隊東部方面総監部が置かれていた。地図では住宅と公園が入り交じった、まことに不思議な風景となっている。

防衛省となった敷地東側の一角には自衛隊の殉職者慰霊碑が建立されているが、周囲には市谷台各所にあった記念碑が集められている。その中には終戦前後に自決した軍人の石碑がいくつかある。「陸軍大臣陸軍大将阿南惟幾荼毗之跡」碑、「杉山元帥吉本大将自決之跡」碑、「陸軍少佐晴気誠《はるきまこと》慰霊碑」である。市谷台は、三島由紀夫《みしまゆきお》が自決した場所でもあるが、三島事件で監禁された総監の益田兼利《ましたかねとし》陸将は、終戦当時、大本営参謀（作戦担当）だった晴気少佐の自決にも立ち合っている。益田は当時、大本営の軍務課員で、晴気誠とは陸軍士官学校の同期生であった。

市谷台は、尾張徳川家の上屋敷であった。御三家筆頭の尾張徳川家は一等地に屋敷を構えていたが、明治維新後、戸山ヶ原の下屋敷も陸軍用地となり、陸軍幼年学校や戸山学校、陸軍軍楽学校、近衛騎兵聯隊、陸軍軍医学校など各種陸軍施設にあてられた。その跡地は現在学習院女子大学や戸山公園などに分割されている。昭和十年代の地図でも、戸山学校などの名前を確認できる。

構内にあった箱根山は、尾張藩時代からのもので、都区内の「山」としては最高峰（ただし人工の山）だ。十一代将軍徳川家斉御成の際は、この山麓に藩士総出で小田原宿を再現して、将軍をいたく喜ばせたこともある。

目白の学習院女子大学は、近衛騎兵聯隊跡を校地としている。近衛騎兵聯隊は大正の地図には掲載されていたが、昭和十年代の地図には名前がない。

地図の改描された地は終戦の激動とともに消滅

明治初期から赤羽火薬庫が設けられていた赤羽や王子周辺には、明治二十年代以降、第一師団工兵第一大隊、近衛師団工兵大隊、王子火薬製造所、陸軍兵器支廠《ししょう》造兵廠《ぞうへいしょう》、陸軍火工廠稲付射場、十条兵器製造所など、都心から陸軍施設が次々と移転してきた。新設された施設も多い。都心からさほど遠くない割に田畑が広がっていたこの一帯は、軍用地にしやすかったのだろう。

自衛隊の十条駐屯地は東京第一陸軍造兵廠であった。大正時代、「銃砲製造所」と記載された広大な敷地は、昭和初期の地図ではただ「東京市　下十条町」とだけ記され、ランダムな番地だけが散在している。このあたりは近年まで多数の赤煉瓦倉庫が残っていたが、次々取り壊されていった。旧軍用地に最後まで残った赤煉瓦倉庫、東京第一陸軍造兵廠第二七五号棟だけは、北区中央図書館の一部として元の場所で保存されている。駐屯地の南に隣接する中央公園に建つ中央公園文化センターは、東京第一陸軍造兵廠本館として建てられたものである。

今の目黒区から世田谷区にかけて広がる広大な地域も軍用地だった。明治に入り、最初に駒場野《こまばの》に移転してきたのが騎兵第一大隊で、明治二十四年（一八九一）に開営してい

高田馬場
面影橋
早稲田
新目白通り
春日通り
本郷通り
中央総合病院
新宿区
●▲箱根山
外苑東通り
後楽園
宮城
水道橋
新大久保
大久保
飯田橋
御茶ノ水
明治通り
陸軍士官学校（現・防衛省）
北の丸
市ヶ谷
新宿
北白川宮邸（のち李王邸）
新宿御苑
伏見宮邸（現・ホテルニューオータニ）
千代田区
代々木
四ツ谷
新宿通り
宮城（現・皇居）
内堀通り
東京
千駄ヶ谷
信濃町
明治神宮
赤坂御用地
閑院宮邸（現・衆議院議長公邸）
有楽町
神宮球場
青山通り
原宿
歩兵第一聯隊（現・東京ミッドタウン）
渋谷区
歩兵第三聯隊（現・国立新美術館）
新橋
渋谷区役所
都立青山公園
桜田通り
港区役所
汐留
六本木ヒルズ
東京タワー
渋谷
梨本宮邸（現・美竹公園など）
浜松町
三田病院
竹橋
有栖川宮記念公園
港区
代官山
明治通り
日の出
田町
東京港
中目黒
恵比寿
首都高速1号羽田線
目黒区役所
国立科学博物館附属自然教育園
竹田宮邸（現・グランドプリンスホテル高輪）
芝浦ふ頭
駒沢通り
山手線
田道広場公園
朝香宮邸（のち東久邇宮邸、現・京急EXイン）
目黒
北白川宮邸（現・グランドプリンスホテル新高輪）
品川
毛利邸（現・品川プリンスホテル）
五反田
不動前

る。翌年には隣接地に近衛輜重兵《しちょうへい》大隊第一中隊が新設され、さらに東側には陸軍乗馬学校が開校している。近くには駒場練兵場が設置された。昭和初期の地図では、小さな建物が点在する土地として描かれている。

明治三十年（一八九七）には駒場野の南に駒沢練兵場が設置された。現在は陸上自衛隊三宿《みしゅく》駐屯地や世田谷公園、公務員駒沢住宅などが並ぶ広大な地域だ。びっしりと建ち並ぶ兵舎から、〝兵隊屋敷〟と呼ばれた。駒沢練兵場開設後、練兵場の西側に、野砲兵第一聯隊、近衛野砲聯隊、野戦重砲兵第四旅団司令部、野戦重砲兵第八聯隊が、移転あるいは新設されていった。大正の地図では詳細に描かれた兵舎は、昭和初期になるとまったく何もない野原として描かれている。

ただ、結局のところ、地図で改描された軍用地や宮邸のほとんどが、終戦の激動に生き残ることはできなかった。昭和初期の地図が隠そうとしたものは、まるで地図が表記したとおりに消えていったのである。

【第九話】江戸・東京の刑場を探る

江戸時代の二大刑場、鈴ヶ森と小塚原

時代劇や映画などで死刑が描かれることはそれほど珍しいことではない。そこに出てくる光景は、刑場が屋内であろうと屋外であろうと、たいてい冷たく荒涼とした景色だったと記憶している。死刑とは、かくも厳粛なものという印象が残った。

江戸時代以前から、死刑制度はずっと存在しつづけ、現代にいたっている。けれど、刑場はどこにあるのだろうか。刑場とはどんな場所で、何が行なわれていたのか。はっきりいって謎だらけといっていい。江戸時代から近現代にかけての刑場跡を訪ねてみた。

江戸時代、もっとも有名な刑場が、南千住の小塚原と品川のはずれの鈴ヶ森に存在した。千住が江戸から北に向かう日光道中（奥州道中）最初の宿場なら、品川は江戸から南に向かう東海道最初の宿場である。たぶん故意なのであろう、いずれも江戸の入り口に位置する立地だ。吉原と品川という江戸を代表する遊廓もそれぞれ近くにあった。遊廓と刑場。江戸に近からず遠からずといった絶妙な距離（周縁部）にある〝悪所〟。いわば「性（生）」と「死」の象徴が、江戸の町から最初の宿場近くにあったのは、はたして偶然だろうか。むろん刑場は、江戸に入る人々への見せしめという意味合いもあっただろうけれど。

鈴ヶ森刑場遺跡

今も鈴ヶ森に残る磔台と火炙台

鈴ヶ森刑場は、今の品川区南大井二丁目、品川のはずれの東海道沿いに、慶安四年（一六五一）に設けられ、明治四年（一八七一）に廃止されるまで、二百二十年にわたって存続した。間口四十間（約七十二メートル）、奥行き九間（約十六メートル）というから、ずいぶん横に広がっていたことになる。広さは一反二畝（千百九十平方メートル）あったという。

慶安事件の首謀者の一人丸橋忠弥《まるばしちゆうや》が最初に処刑され、徳川吉宗の落胤と称して断罪された天一坊《てんいちぼう》など、十万人以上がここで処刑されたと伝えられている。丸橋忠弥は、妻女にいたるまで江戸引き回しのうえ獄門にかけられた。その中には風車を手にしたいたいけな幼子もあったといわれる。また、火付けの罪に問われた八百屋お七は、わずか十六歳だったが、天和三年（一六八三）に鈴ヶ森で火炙りとなっている。

現在刑場跡として残るのは、ほんの一部にすぎない。敷地は日蓮宗の大経寺境内となっており、磔刑《たつけい》に使用された「磔台《はりつけだい》」、火炙《ひあぶ》り刑に使われた「火炙台」、「首洗いの井戸」をはじめ、多数の供養塔が残る。心霊スポットとしてつとに知られるが、日の高い時間に訪れるかぎり、別段なにか起こるわけでもない。

刑場から五百メートルほど北、品川宿近くの立会川《たちあいがわ》に架かる泪橋《なみだばし》という橋がある。ここで親族との今生の別れをしたことからその名が生まれたという。今は、昭和九年（一九三四）に架け替えられた小さな橋だが、そこには浜川橋という名が刻まれている。

今も残る首切地蔵

小塚原の刑場は、鈴ヶ森と同じ慶安四年（一六五一）ごろの創設で、明治六年（一八七三）に廃止されるまで、約二百二十年存続した。もと浅草鳥越にあった刑場が、浅草聖天町を経て、町はずれの小塚原に移転したものだといわれる。刑場は日光道中に面し、間口六十間（約百八メートル）、奥行三十間（約五十四メートル）であった。敷地は約千八百坪（約五千九百五十平方メートル）におよんだというが、その大部分が埋葬地を兼ねていた。日光道中の旅人は、必ず刑場の脇を通りすぎ、千住宿へと急いだわけである。江戸の市街が浅草のはずれで途切れたあたり、草むらの中、街道だけが一筋延びていたのだ。この風景は、明治半ばまで変わることがなかった。

二十万人が埋葬されたとされる刑場の跡地の大半は常磐線などの敷地となり、昔日の面影はまったくない。刑場跡をしのばせるものは、常磐線と日比谷線の間に残る首切《くびきり》地蔵（延命寺《えんめいじ》）の存在ぐらいのものである。この地蔵は、一名「延命地蔵」「骨地蔵《こつじぞう》」といい、八代将軍徳川吉宗が、刑死者の霊を弔うため、寛保元年（一七四一）に建立したもので、もとは少し離れた場所にあった。

線路に挟まれてぽつんと残る首切地蔵は、高さ三メートル近くもあり、常磐線の車窓からもよく見えていた。ところが、東日本大震災では花崗岩二十七個を組み上げた構造だったため、左腕が落下。胴体も一メートルほどずれてしまった。倒壊の危険もあり、解体されて脇の地上に安置されている。もとの場所にあるのは蓮台（台座）だけである。

刑死者を供養した小塚原回向院《えこういん》は、常磐線の西側にある。南千住駅のそばにある本堂の大きな葵紋が目印で、常磐線の車窓からもよく見える。寛文七年（一六六七）に常行堂が建立されたことにはじまり、やがて現在の寺院に発展した歴史をもつ。伝馬町《てんまちょう》の牢屋敷で斬首された吉田松陰《よしだしょういん》も、最初小塚原に埋葬された縁から、回向院の墓地に「松陰二十一回猛士墓」と刻まれた墓碑が建っている。

当時の住職は、松陰の墓碑の建碑に便宜を図った廉《かど》で五十日の閉門処分を受けたといわれる。松陰のほか、安政の大獄で処刑された橋本左内《はしもとさない》や頼三樹三郎《らいみきさぶろう》らの志士をはじめ、桜田門外の変に参加した浪士の墓も建つ。銃殺に処せられた二・二六事件のリーダー磯部浅一《いそべあさいち》夫妻の墓もあるが、その墓石はあまりに小さい。

首切地蔵（左奥）と台座（右上）

松陰二十一回猛士墓。両側に志士の墓が並ぶ

小塚原刑場では、刑死者の遺体を用いて、刀の試し斬りや腑分け《ふわ》（解剖）が実施された。人胆・霊天蓋（脳髄）・陰茎の売買も横行していたという。これらは薬剤・精力剤として取引されたらしい。刑死者の臓器売買が禁止されるのは明治三年（一八七〇）まで待たねばならない。

明和八年（一七七一）には、蘭方医の杉田玄白《すぎたげんぱく》、前野良沢《まえのりょうたく》らによる腑分けが小塚原で行なわれている。この腑分けが『解体新書《かいたいしんしょ》』に結実したことはあまりにも有名だが、これを記念した観臓記念碑が、大正十一年（一九二二）に建立されている。

徳川吉宗は、寛保二年（一七四二）に公事方御定書《くじかたおさだめがき》を定め、罪刑を確定させた。これによれば庶民の死刑には、「下手人」「死罪」「火罪」「獄門」「磔」「鋸挽《のこぎりびき》」の六種があった。いずれも命を奪われることには変わりがないが、罪としては軽重があったのである。

いちばん軽い「下手人《げしゅにん》」は、斬首のみで、試し斬りや財産没収などはしない。「死罪」は、斬首のうえ、死骸を試し斬りにする。「火罪」は文字通り火炙り。公開で行なわれた。「獄門」は、斬首の後、刎ねた首を台に載せて二晩梟《さら》しものにする。「磔」は罪人を磔にして両側脇下から槍で刺し殺す。一番重いのが「鋸挽」だ。これは竹鋸で挽いた後、磔に処したものである。

小塚原刑場の三百メートルほど南東には、鈴ヶ森と同名の泪橋があった。漫画「あしたのジョー」の舞台となったことから、むしろこちらの方が有名かもしれない。漫画では、古びた泪橋の下にジョーのいるボクシングジムがある設定だったが、実際には泪橋の架かっていた思川《おもいがわ》は暗渠化《あんきょ》されており、「泪橋」は、交差点名しか存在しない。

昔は刑死した罪人の遺骸は、埋葬もぞんざいで、すぐにむき出しになり、骨がそこら中に散らばっていたという。泪橋から回向院を経て日光街道につづく通りが「コツ通り」と呼ばれるのは、骨からきているとする説が有力だ。事実、平成十七年（二〇〇五）に開業したつくばエクスプレスの建設工事では、回向院前のコツ通りの地下からは、二百六十点以上の頭蓋骨や、千七百点もの四肢骨はじめ、数珠、寛永通宝（六文銭という意味であろう）などが出土している。

工事関係者によれば、土を掘れば骨が出るといった状況だったようだ。該当区間だけでこれだけ出土するのだから、このあたりには今もおびただしい人骨が眠っているのだろう。小塚原は「骨ヶ原」と字を当てたこともあったらしい。

明治維新後も存続した鈴ヶ森と小塚原

明治維新後も、鈴ヶ森、小塚原両刑場はしばらく存続した。明治四年（一八七一）には、梟首の刑に処せられる場合、本籍が関西の者は鈴ヶ森刑場で処刑され、関東の者は小塚原刑場で処刑されることとなった。これは江戸初期、日本橋より東出身者は小塚原、西出身者は鈴ヶ森で処刑するという慣習を追認したものだった。

江戸の刑場は鈴ヶ森、小塚原の二つだけではなかった。日本橋の伝馬町には二千六百十八坪（約八千六百平方メートル）余りの広さがある大きな牢屋敷があり、江戸時代の半ばになると、ここでも処刑が行なわれていた。ただし獄門は鈴ヶ森か小塚原で行なわれ、遺骸も両刑場に運ばれて捨てられた。

安政の大獄で処刑された吉田松陰らが斬首されたのも伝馬町の牢内で、その後、小塚原に遺骸が捨てられたのである。明治八年（一八七五）に廃止された伝馬町の牢屋敷跡は、一部が区立十思《じっし》公園となっている。園内には「松陰先生終焉之地」碑をはじめ、吉田松陰関連の記念碑が建つ。

十思公園の向かいにあるのが大安楽寺である。明治に入って創建された寺院で、斬首を行なっていた刑場跡に建立された。境内には「江戸伝馬町処刑場跡」や「江戸伝馬町牢御

江戸伝馬町牢御椓場跡の碑

近藤勇、土方歳三の墓

椓場跡」の石碑があるほか、牢の石垣も保存されている。戦後建立された延命地蔵尊の台座に刻まれた「為囚死群霊離苦得脱」という文字は、明治十八年（一八八五）に山岡《やまおか》鉄舟《てっしゅう》が揮毫した筆蹟を浮き彫りにしたものである。

江戸近辺では、中山道《なかせんどう》の板橋宿にも板橋刑場があった。ここは大久保大和《おおくぼやまと》という偽名で捕まった新選組局長の近藤勇《こんどういさみ》が、慶応四年（一八六八）四月に斬首された場所として有名だ。刑場は日本橋から二里の位置に造られた平尾の一里塚付近にあったといわれるが、今は一里塚も消え、JR板橋駅近くの住宅地に変わった。板橋駅前に近藤勇、土方歳三《ひじかたとしぞう》の墓と、彼らの墓を建立した永倉新八《ながくらしんぱち》の墓が建つ。

女性最後の斬首刑・高橋お伝

明治に入ると、刑事罰や囚徒の待遇も少しずつ改善されるようになった。明治元年（一八六八）には磔・火炙りが廃止され、明治四年（一八七二）には罪人への入れ墨も禁止。明治六年（一八七三）には笞杖《ちじょう》刑や仇討ちが禁止されるにいたった。明治十二年（一八七九）には梟首《きゅうしゅ》（獄門）が廃止されたが、斬首刑は残った。

明治八年（一八七五）には、備中松山藩板倉周防守の下屋敷があった五千六百坪（約一万八千五百平方メートル）の敷地に市谷谷町《いちがやたにまち》囚獄役所（市谷監獄）が完成し、伝馬町の牢屋敷にいた囚人は市谷に移った。強盗殺人の罪で明治九年（一八七八）に捕まった高橋お伝《でん》は、明治十二年（一八七九）、市谷監獄の、杉林の中を黒塀で囲った五十坪ほどの打首場で斬首となった。お伝は最後まで冤罪を主張して、刀を振り下ろす際もがいたため、刀身が後頭部に当たって凄惨な光景となった。結局押し倒されて頸を捻じ切られたというからすさまじい。お伝は斬首で処刑された最後の女性の罪人となった。

明治十五年（一八八二）に施行された刑法（旧刑法）で、斬首は廃止され、死刑は獄内での絞首刑のみと定められた。

明治六年（一八七三）以降、絞首刑は「絞架（楼式）」の処刑台で行なわれることとなった。これは望楼状の木造の処刑台に死刑囚を上らせ、首に縄をかけ踏み板を落とす構造となっていた。英領シンガポールの処刑台を参考にしたという。しかし時代が下るにしたがい、囚人に階段を上らせるのではなく、地上で刑を執行し、刑死者を地下に落下させる「地下式」の絞首台が主流となった。

執行方法は、「凡絞刑ヲ行フニハ先ツ両手ヲ背ニ縛シ紙ニテ面ヲ掩ヒ引テ絞架ニ登セ踏板上ニ立シメ次ニ両足ヲ縛シ次ニ絞縄ヲ首領ニ施シ其咽喉ニ当ラシメ縄ヲ穿ツトコロノ鉄環ヲ頂後ニ及ホシ之ヲ緊縮ス次ニ機車ノ柄ヲ挽ケハ踏板忽チ開落シテ囚身（地ヲ離ル凡一尺）空ニ懸ル凡二分時死相ヲ験シテ解下ス」と具体的に手順が定められていた。死刑台の代名詞として十三階段という言葉があるが、日本の場合、絞架台までの段数は十七段であったともいう。

その後、明治三十八年（一九〇五）になって、市谷監獄の西には鍛冶橋から東京監獄が移転。市谷監獄は廃止となり、東京監獄は大正十一年（一九二二）に市ヶ谷刑務所と名を変えたが、昭和十二年（一九三七）まで存続し、跡地は東京都立小石川工業学校のほか、住宅地などに変わった。監獄の鬼門の位置（北東）だった一角に、富久町《とみひさちょう》児童遊園がある。この場所は刑場であった。園内の南側の片隅には、日本弁護士連合会が昭和三十九年（一九六四）に建立した「東京監獄　市ヶ谷刑務所　刑死者慰霊塔」碑がひっそりと建っている。碑の前には線香が手向けられた跡がある。小さな公園では、なにも知らない子どもが遊んでいた。

ＮＨＫのすぐ近くにある銃殺刑跡

終戦まで、軍隊では一般の司法体系とは別に軍法会議が設けられ、軍人に対する死刑も

児童公園の片隅にある「刑死者慰霊塔」碑

渋谷の刑場跡に建立された「二・二六事件慰霊像」

独自に執行されていた。

明治十一年（一八七八）八月には、竹橋《たけばし》の西詰めに駐屯していた近衛砲兵大隊の兵士が、待遇改善などを求め、赤坂仮御所（現赤坂迎賓館あたり）に向けて進軍する事件が起こった。いわゆる竹橋騒動である。大規模な組織的反乱に、陸軍・政府首脳は衝撃を受けた。軍法会議の結果、首謀者以下は厳罰に処せられ、五十五人という多数の兵士が死刑に処せられている。事件の背景には、当時の陸軍内に蔓延していたフランス流の革命思想があったといわれており、陸軍卿の山県有朋は、ただちに軍人訓戒を制定して内部規律の引き締めをはかった。

死刑を受けた兵士のうち、五十三名は、明治十一年（一八七八）十月の判決直後、越中島《えっちゅうじま》にあった練兵場で銃殺された。処刑された遺体はまとめて大八車《だいはちぐるま》で運ばれ、青山墓地に埋葬されたという。大日本帝国憲法発布による事件関係者の大赦直後、青山墓地にあった陸軍墓地の一角に、事件の生存者の手で「旧近衛鎮台砲兵之墓」が建立されている。

墓碑の裏には「大赦　明治二十二年二月十一日」と、正面の墓碑銘以上に大きく刻まれており、罪に問われた悔しさが伝わってくるようだ。墓碑はすっかり忘れられ、再発見されたのは事件後百年が経とうとしていた昭和五十二年（一九七七）であった。この墓碑は現在、昭和十八年（一九四三）に建立された「合葬之墓」の隣に建つ。

銃殺刑の行なわれた越中島練兵場は、明治三十年（一八九七）に陸軍中央糧秣廠《りょうまつしょう》となり、占領期にはアメリカ陸軍第七騎兵連隊のモータープールとなった。今は越中島公園や倉庫などに転じてまったく面影はないが、越中島に渡る練兵橋の名にわずかに明治の痕跡をとどめている。ただし橋の中に練兵橋の名を刻んだものはない。

竹橋騒動に匹敵する蹶起《けっき》事件が、昭和十一年（一九三六）の二・二六事件である。この事件でも首謀者は厳しく処断され、事件鎮圧からわずか四ヶ月後の七月五日、特設の軍法会議で十七名に死刑判決が下った。うち十五名の銃殺刑が執行されたのは判決からわずか一週間後の七月十二日、刑場は、彼らが収監されていた東京衛戍《えいじゅ》刑務所であった。

戦後、渋谷区宇田川《うだがわ》町にあった刑務所跡地は渋谷区役所や神南《じんなん》小学校などの公共施設になった。税務署などが入っている渋谷地方合同庁舎の一角に二・二六事件慰霊像が建立されているが、気づく人はほとんどいない。現在、人々が行き交う公園通りのすぐそばで銃殺が執行されたのである。戦前とのあまりの変わりように呆然としてしまう。

蹶起部隊の衛戍地に近い麻布十番の賢崇寺《けんそうじ》の墓地の片隅には、「二十二士之墓」が戦後建立された。墓碑の裏には、二・二六事件で死刑となった十九名（うち二名は民間人）と自決した二名、さらに昭和十年（一九三五）八月に陸軍省軍務局長永田《ながた》鉄山《てつざん》少将を斬殺して死刑となった相沢三郎《あいざわさぶろう》中佐の名が刻まれている。

五つの絞首台の跡に作られた五つ塚

昭和二十年（一九四五）八月、長い戦争が終わった。その直後の九月から、日本に進駐した連合国軍総司令部は、A級戦争犯罪者の容疑者の逮捕を命じた。そして翌年一月、最高司令官のマッカーサーは、ドイツの例に倣い、極東国際軍事裁判所の開設を指令。市谷台の旧陸軍士官学校講堂が法廷にあてられることとなった。ここは戦時中大本営が置かれていた場所である。

A級・B級・C級という区分は、罪の軽重を意味するものと誤解されやすい。A級の方がB級より罪が重い、と。じつはそうではなかった。問われた罪の内容で区別されていたのだ。A級は「平和に対する罪」、B級は「通例の戦争犯罪」、C級は「人道に対する罪」である。被告の数も異なるが、A級戦争犯罪者として処刑された人が七名なのに対して、B・C級戦争犯罪者として処刑された人は、千人近くに上った。A級戦犯容疑者について

「永久平和を願って」の碑

現在の東京拘置所

は、百名以上が逮捕されたが、起訴されたのは二十八名だった。彼らが収監されたのは、西巣鴨（現在の豊島区東池袋）の東京拘置所あらため巣鴨プリズンである。

A級戦犯に対する判決は、昭和二十三年（一九四八）十一月に言い渡された。絞首刑は東條英機元総理以下七名。十二月二十三日の午前〇時から一時にかけ、全員が巣鴨プリズンの一角で絞首刑に処せられた。遺体を収めた棺は「米兵遺体」として、ひそかに幌つきのトラックに乗せられ、裏門から運び出され、米軍管理下にある保土ケ谷《ほどがや》（横浜市）の久保山火葬場で荼毘にふされた。遺骨は米兵により海中に撒かれたともいう。

日本返還後、巣鴨プリズンは巣鴨刑務所となったが、これも昭和三十七年（一九六二）に閉鎖され、昭和五十三年（一九七八）にサンシャイン60を中核としたサンシャインシティとして再開発された。ただし処刑場跡地は、昭和三十九年（一九六四）の閣議了解（池《いけ》田勇人《だはやと》内閣）により保存することが決まっていたため、東池袋中央公園となった。この場所には、巣鴨プリズン時代、特設絞首台が五つ並んでおり、その跡は土が盛られて五つ塚と称されていた。

紆余曲折の末、五つ塚の場所に「永久平和を願って」の石碑が建立されたのは昭和六十年（一九八五）である。この石碑建立をめぐっては、当初から「戦犯記念碑」であるとして、反対運動が存在した。そのため碑名も「永久平和を願って」となったわけだが、除幕直後には設置そのものが違法であるなどとして、豊島区長相手に行政訴訟が提起されている。

この拘置所で処刑されたのは、戦犯関係者だけで六十名。さかのぼれば、拘置所時代の昭和十九年（一九四四）には、日本の機密をソ連に漏洩したとして、リヒャルト・ゾルゲや協力者の尾崎秀実《おざきほつみ》が処刑された。彼らの処刑日は十一月七日。ロシアの革命記念日である。

戦後、死刑に処せられた死刑囚の数は七百人近い。明治から終戦までの処刑者を加えると、優に一万人を超えるだろう。平成二十二年（二〇一〇）八月、菅直人《かんなおと》内閣の千葉景子《ちばけいこ》法務大臣が、「死刑のあり方に関する議論を巻き起こすため」として、葛飾区小菅《こすげ》にある東京拘置所の刑場を報道機関に公開した。そのとき見た映像――刑場が、パステル調の藤色の絨毯《じゅうたん》敷きであったこと――に驚愕した日本人も多かったのではないだろうか。そう、絞首が行なわれる「執行室」は、ホテルの会議室と見間違えそうな豪華な造りだったのだ。

「死刑は残虐な刑罰」という批判から逃れるため、このようになったのだろう。しかし、処刑行為自体は、明治時代とほとんど変わらない。後ろ手に手錠をかけられ（「先ツ両手ヲ背ニ縛シ」）、医療用ガーゼで目隠し（「紙ニテ面ヲ掩ヒ」）された死刑囚は、踏板上で足をゴムバンドで縛られる（「踏板上ニ立シメ次ニ両足ヲ縛シ」）。執行準備が整うと、隣のボタン室に合図され、待機していた三人の刑務官が一斉にボタンを押し、踏板が開く。

死刑囚の身長にあわせて、あらかじめロープの長さは調節されており、死刑囚は地上十五センチ（「地ヲ離ル凡一尺」）の中空に吊り下げられるのである。地下には医官が待機しており、脈を取り、絶命を確認するまで心音を聞きとる。現在死刑の設備を有する拘置所は、東京（小菅）を含めて全国に七ヶ所ある。

死刑執行が死刑囚に告げられるのは、執行当日の朝である。事前告知でない理由は、かつて前夜に告知された死刑囚が自殺を図った例があったからだという。現代の死刑囚は、身を整えたり心の準備をする間もなく、刑務官によってあわただしく独居房から連れ出される。そして最後にたどり着くのがあの部屋なのだ。まさかホテル並みの部屋であの世に逝くとは、執行される当の死刑囚がいちばん当惑しているのではないだろうか。

埼京線
東北・上越新幹線
十条
近藤勇墓
（板橋刑場跡）
東京拘置所
荒川
隅田川
尾竹橋通り
北千住
尾久
板橋
上中里
巣鴨プリズン跡
駒込
田端
小塚原刑場跡
南千住
池袋
大塚
巣鴨
西日暮里
三河島
常磐線
日暮里
泪橋交差点
不忍通り
旧白山通り
白山通り
昭和通り
目白
目白通り
上野動物園
鶯谷
言問通り
春日通り
文京区
本郷通り
上野
台東区
新目白通り
高田馬場
御徒町
春日通り
外苑東通り
中央通り
江戸通り
新大久保
水道橋
飯田橋
蔵前橋通り
浅草橋
東京監獄跡
御茶ノ水
両国
錦糸町
秋葉原
京葉道路
新宿
市谷監獄跡
神田
伝馬町
牢屋敷跡
市ヶ谷
新大橋通り
新宿区
千代田区
代々木
四ツ谷
新宿通り
東京
信濃町
皇居
内堀通り
中央通り
首都高速9号深川線
千駄ヶ谷
有楽町
旧近衛鎮台砲兵之墓
（青山霊園）
青山通り
原宿
越中島
練兵場跡
永代通り
二・二六事件慰霊碑
（東京衛戍刑務所跡）
新橋
桜田通り
清澄通り
品川区
下明神
青物横丁
海岸通り
浜松町
渋谷
二十二士之墓
（賢崇寺）
大井町
鮫洲
明治通り
田町
泪橋
（浜川橋）
恵比寿
東京港
立会川
首都高速1号羽田線
レインボーブリッジ
鈴ヶ森
刑場跡
しながわ
区民公園
大井
競馬場前
目黒
大森
大森
海岸

【第十話】

都心の鉄道廃駅紀行

都心にも人知れず存在する廃駅

日々利用する鉄道の駅ほど、身近な存在もあるまい。生活の一部といってもいい。だから、今まで利用していた駅がなくなるのは、それだけに物悲しい。冷徹な経済論理だけで鉄道駅や路線がなかなか廃止できないのは、利用者の思いがこもっているのも一因であろう。

駅の廃止といえば、廃線にともなうケースが多い。これはまあ当然といえる。しかし、路線は存続しているのに、駅だけが廃止される場合がままある。理由としてすぐに思いつくのは、乗降客数が減少した場合であろう。だが、これは意外に少ない。実際に多いのは、駅同士の統合や路線延伸にともなう改廃などである。だから廃駅は、人口希薄地のみの現象とは限らない。都心にも廃駅は存在するのだ。なぜ都心に位置しながら廃駅となったのだろう。その理由は謎に満ちている。闇から闇へと消えた都心の廃駅事情を探った。

都心部でいえば、意外にも中央線が廃駅の宝庫だ。新宿から東京方向に向かって、五つも廃駅が並んでいるのである。なぜ都心部を走る中央線に多数の廃駅が存在するのだろうか。

まずは各駅停車の電車に新宿から乗って、二つ目の千駄ヶ谷駅で下車する。ここから信《しな》濃町《のまち》方向には、かつて青山軍用停車場が存在したのだ。軍用停車場という名のとおり、明治時代の日清・日露戦争のときだけ使われた臨時の停車場である。

青山軍用停車場があったのは、今の神宮外苑である。ここは、昔から公園だったわけではない。このあたり、大正半ばまでは青山練兵場の広大な野原が広がっていたのだ。軌道の痕跡はまったく残っていないが、新旧地図を見比べると、千駄ヶ谷から本線の南に別線が延びていたことがわかる。今の外苑北の道路のあたりに駅の施設があったのである。明治二十七年（一八九四）七月、清国との武力衝突発生とともに、新宿からの延伸工事が着工され、突貫工事で軌道を敷設。九月には青山軍用停車場が開業した。

このころ、上野〜新橋間に鉄道はなかったから、奥羽方面からの軍用列車は、赤羽から池袋、新宿を経由し、軍用停車場に進入した。兵士たちは、練兵場で訓練したり休息したりして英気を養い、ふたたびこの駅から広島の宇品《うじな》港に向けて出征していったのである。平時は使用されることのなかった停車場だが、十年後の日露戦争でもフルに稼働した。日清・日露戦争で、帝国陸軍が遅滞なく兵員・軍馬を戦地に送ることができた一因として、この軍用停車場の存在を挙げねばなるまい。

明治四十五年（一九一二）七月、明治天皇が崩御すると、青山練兵場に葬場殿《そうじょうでん》が建設された。今の聖徳《せいとく》記念絵画館付近である。改元して大正元年となった九月の明治天皇の大喪の礼では、練兵場の北にあった軍用停車場が青山仮停車場として復活し、明治天皇の霊柩を載せた大喪列車が京都郊外の桃山停車場まで奉送運行する際に使用された。絵画館の後ろの大樹は、葬場殿跡に植樹された楠《くすのき》で、根元には、大正十三年（一九二四）に建てられた葬場殿趾の碑が建っている。

飯田橋駅近くにあった牛込停車場

明治時代、新宿〜八王子間は、甲武《こうぶ》鉄道という私設鉄道であった。甲武鉄道は青山軍用停車場工事に合わせて、東へ路線を延ばすことを考えた。日清戦争中の明治二十七年（一八九四）十月、新宿から牛込《うしごめ》まで、三マイル四十チェーン（約六キロ）の区間が営業を開始している。新たに設けた途中の停車場は、信濃町と四ツ谷の二つのみだった。

新たな終点となった牛込停車場は、現在の飯田橋駅の少し西側に位置していたが、停車場をしのばせるものはほとんどない。しいて挙げるなら、かつて駅の入り口の両側にあった石垣が当時のままにきれいなカーブを描いているのと、中央線の路盤がそこだけ少し広くなっていることくらいだ。当時の牛込停車場は、外濠の上にあった改札口からお濠端の

葬場殿趾の碑

牛込停車場改札口跡

プラットフォームまで階段で下りて乗降した。現在、駅の改札口跡に建つのは、ピザレストランと薬局である。

牛込停車場開設で人の流れは変わった。当時は牛込の周囲半径二キロ圏内に鉄道駅はひとつもなかったから、広い範囲から人々が集まってきた。もともと武家地や閑静な寺町だった神楽坂界隈が、花街や繁華街として発展するきっかけは、まさに牛込停車場の開設にあったのである。

牛込停車場の約六百メートル北東に、甲武鉄道（中央線）の終点として明治二十八年（一八九五）に開業したのが飯田町停車場だ。もともとここは明治維新後、軍用地とされ、砲兵本廠付属生徒舎が立地していた。甲武鉄道は、三崎町《みさきちょう》の練兵場を停車場用地に考えていたらしいが、その土地が三菱に払い下げられたため、代替地として飯田町五丁目の用地を手に入れたのである。外濠と土塁の間の狭隘《きょうあい》な土地に設置された牛込停車場とは異なり、平坦な土地に開業した飯田町停車場は、幾重にも線路が分岐した本格的な始発ターミナルといってよかった。

明治三十七年（一九〇四）に甲武鉄道が東に延伸した後も、飯田町は長距離列車の始発駅として存続した。だが、昭和三年（一九二八）、牛込と飯田町の中間に飯田橋駅が開業すると、牛込停車場は廃止となり、飯田町は貨物専用駅となった。飯田橋駅の立地が、急カーブ上と非常によくないのは、牛込と飯田町の中間に建設しなければならない制約があったからである。それゆえ飯田橋駅ホームは列車との間がひどく空いており、しばしば転落事故が発生している。

飯田町駅は、貨物専用駅となった後も、都心の貨物拠点として近年まで機能していた。昭和四十六年（一九七一）に飯田町紙流通センターが設立されると、全国の製紙工場から送られてくる印刷用紙の集約拠点として重要な位置を占めるようになった。飯田町のすぐ近くには、大日本印刷や共同印刷などの印刷工場が多数立地していたから、都合がよかったのである。その飯田町駅も、平成十一年（一九九九）に廃止となった。

飯田町駅の跡地は、再開発されてアイガーデンエアという高層ビル群に変貌した。わずかに飯田町駅をしのばせるものとして、アイガーデンエアの公開空地にレールを埋め込んだモニュメントが百メートルにわたってつづいているほか、少し離れた目白通りには、飯田町駅の碑が立つ。

アキバの入り口にあった万世橋停車場

中央線の廃駅は、どこも終端駅だった歴史をもつ。廃駅が多い理由は、新宿方向から徐々に東に線路を延ばしてきたことが主な要因であった。路線延伸にともない、暫定的な始発駅が必要だったのである。

御茶ノ水〜神田間にも、昌平橋《しょうへいばし》・万世橋《まんせいばし》という二つの廃駅があるが、いずれも終端駅だ。御茶ノ水寄りの昌平橋のたもとにある昌平橋停車場は、明治四十一年（一九〇八）に開業したものの、明治四十五年（一九一二）にわずか〇・二マイル（約三百メートル）先に万世橋停車場が開業すると廃止された。わずか四年足らずしか存在しなかった幻《まぼろし》の駅である。あたりの高架を注意深く眺めたが、昌平橋停車場の痕跡は、ほとんどわからなかった。

万世橋停車場は昌平橋とほとんど隣りあっている。仮駅だった昌平橋とは違い、新しく開業した万世橋停車場は、中央線の始発駅として建設されたターミナル駅だった。駅舎は、東京中央停車場（東京駅）を設計した辰野金吾《たつのきんご》によるもので、東京駅の先行例ともいわれる赤煉瓦の堂々たる建築であった。駅前は五叉路となっており、ここにあった電停の須田町《すだちょう》とともに、界隈は銀座をしのぐ繁栄ぶりだった。交差点のシンボルが、広瀬中佐の

目白通り沿いに建つ飯田町駅の碑

旧万世橋駅通路（現存せず）

銅像であった。

しかし万世橋の繁栄は長続きしない。大正八年（一九一九）に中央線は東京まで延伸し、始発駅の座を奪われた。さらに大正十二年（一九二三）九月の関東大震災で、壮麗を誇った駅舎は外壁を残して焼失。再建する際は実質平屋となり、外壁にはモルタルを塗ったため、一見すると安普請のまったく別の建物に見える。

大正十四年（一九二五）には山手線の神田〜上野間が開業。目と鼻の先にある秋葉原駅で旅客営業が開始されると、乗降客数は減り、昭和四年（一九二九）には、大正通り（靖国通り）の拡張にともない、須田町交差点付近の道路付け替えが行なわれたため、駅前から市電の姿は消え、閑散とするようになった。

決定的だったのは、昭和七年（一九三二）、総武線が両国橋から御茶ノ水まで延伸して、直通運転が開始されたことである。総武線からはずれた万世橋駅は、駅としての意味を完全に失ってしまったのだ。昭和十一年（一九三六）には、駅舎を壊した跡地に鉄道博物館（戦後、交通博物館）が開館し、万世橋駅は事実上、鉄道博物館の専用駅となったが、戦時中の昭和十八年（一九四三）、不要不急駅ということで営業休止となっている。

栄光に包まれて開業した万世橋駅のあまりにもさびしい末路であった。筆者は、交通博物館が開館していたころ、取材で旧駅跡に入ったことがある。ホームに続く通路には、「旅行は休日を避ける」と印刷された戦時中の黄ばんだポスターが貼られたままで、昭和十八年（一九四三）から時間が完全に停止していた。

万世橋駅は中央線だけではなかった。わずかな期間だが、今の地下鉄銀座線にも万世橋仮停車場が存在したのだ。開業は昭和五年（一九三〇）の四方節《しほうせつ》（一月一日）で、当時は東京地下鉄道の一駅であった。最初から隣の神田駅が開業するまでの仮駅だったため、ホームは木製で、昭和六年（一九三一）十一月の廃止とともにすぐ撤去された。ｉｓｈｉｍａｒｕ　ＡＫＩＢＡ（旧石丸電気一号店）前の通気口が当時の仮駅への入り口跡である。

このほか銀座線には、新橋と表参道（旧神宮前）に幻のホームが存在する。

上野駅の目の前にも廃駅跡があった

京成本線も廃駅の宝庫である。京成上野～日暮里間にあった博物館動物園駅と寛永寺坂駅は、当時にしては珍しい地下駅だったが、寛永寺坂駅は終戦後ほどなく廃止となり、博物館動物園駅は近年廃止となった。しかし両駅ともホームや駅舎は現存している。廃止間もない博物館動物園駅が残っているのはともかく、木造駅舎の寛永寺坂が倉庫会社の事務所として現存するのは、所有者の京成電鉄が建て替えを禁じたからだといわれる。地下のホームは、撤去に費用がかかることからそのまま残され、目を凝らしてみると、通過する列車から闇の中に確認することができる。

京成線の廃駅はこれだけではない。厳密に言えば山手線の外側だが、日暮里～新三河島間にも道灌山通《どうかんやまどおり》という廃駅がある。道灌山通駅は、昭和九年（一九三四）に開業したものの、昭和十八年（一九四三）に不要不急駅に指定されて寛永寺坂駅などとともに休止となり、そのまま廃止されたのである。駅のあった場所は、尾竹橋《おたけばし》通りと交わるあたりだが、現在その跡はほとんど確認できない。

原宿駅の北にある宮廷ホーム

山手線は、大正十四年（一九二五）に現在のような周回運転を開始して以降、廃駅は存在しない。しかし、十年以上一度も使用されない〝駅〟が、原宿駅の北に実在する。大正十四年（一九二五）に完成した「宮廷ホーム」である。知らない人が車窓から見たら、昔の貨物ホームのようにも見える不思議な空間である。

宮廷ホームができた大正十四年（一九二五）は、大正時代の最末期である。天皇は病臥

博物館動物園駅跡

寛永寺坂駅跡

することが多くなっており、その病状は重篤さを増していた。皇太子の裕仁親王が摂政宮となってすでに四年が経過し、実質的な代替わりが進行していたころである。

「新駅」は、天皇が御用邸で静養するのに便利な場所に計画された。条件は、宮城から近く、しかも目立たぬところ。この条件を満たす場所として選定されたのが、二重橋や東京駅とは正反対側に位置する、原宿変電所と旧原宿停車場の跡地であった。宮廷ホームは、外部の道路から、スロープでホームにたどりつける構造になっている。日本初のバリアフリー駅なのである。戦前、この付近では機関車から煙を出すことが禁じられていたという。

このホームが最初に利用されたのは大正十五年（一九二六）八月、葉山御用邸への療養目的の行幸であった。天皇は葉山で病状を悪化させ、十二月二十五日に崩御。その二日後、棺を載せた特別列車が、このホームに到着した。

大正天皇のために造られた駅であった。だが、もっとも利用したのは昭和天皇である。昭和天皇は、その治世中しばしばこのホームから御召列車で各地に出発した。しかし現在は御召列車を仕立てることもほとんどなくなり、宮廷ホームは平成十三年（二〇〇一）を最後に列車の発着は途絶えた。宮廷ホームは、そこだけ時間が停止したように、今もその

山手線車窓から望む宮廷ホーム

道灌山隧道の抗門跡

ままの姿で静まりかえっている。

山手線の田端～駒込間には古びた不思議な突起物がある。場所は、山手線唯一の踏切となった第二中里踏切のすぐ近くである。これが廃駅の痕跡と思いきや、じつはトンネルの痕跡なのだ。

山手線には現在トンネルは存在しない。しかしかつては、山手線にもトンネルが二ヶ所存在した。ひとつは目黒停車場の南で、ここには長さ百二十フィート（約三十七メートル）の永峯隧道があった。永峯隧道は大正七年（一九一八）の複々線工事によって切り通しとされたため、痕跡は残っていない。もうひとつのトンネルが田端～駒込間の道灌山隧道で、こちらは大正後期の地図でもはっきりと確認できる。

田端と池袋を結ぶ短絡線（日本鉄道豊島線）を明治三十六年（一九〇三）に敷設する際、十五メートルの標高差のある田端～駒込の区間は切り通しとしたが、ここの道路部分だけはトンネルを掘ったのだ。それが道灌山隧道である。長さはわずか三十九・五フィート（約十二メートル）しかないが、れっきとしたトンネルである。

その後、この区間の山手線の複々線工事では、北側に電車用の軌道を敷いてその上を橋梁（富士見橋）とした。複々線工事が竣工した大正十四年（一九二五）から道灌山隧道は

道灌山隧道跡
道灌山通駅跡
寛永寺坂駅跡
博物館
動物園駅跡
飯田町駅跡
昌平橋駅跡
牛込停車場跡
万世橋駅跡
青山軍用
停車場跡
宮廷ホーム
東十条
十条
王子
上中里
駒込
田端
西日暮里
三河島
日暮里
鶯谷
上野
御徒町
秋葉原
神田
東京
有楽町
新橋
浜松町
田町
品川
大崎
五反田
目黒
恵比寿
渋谷
原宿
代々木
千駄ヶ谷
信濃町
四ツ谷
飯田橋
水道橋
御茶ノ水
浅草橋
両国
錦糸町
北千住
南千住
板橋
巣鴨
大塚
池袋
目白
高田馬場
新大久保
新宿
東中野
大井町
西大井
潮見
八丁堀
越中島
文京区
台東区
千代田区
新宿区
渋谷区
中央区
港区
江東区
目黒区
品川区
荒川
隅田川
東京港
東京湾
レインボーブリッジ
環七通り
中山道
明治通り
春日通り
本郷通り
不忍通り
目白通り
新目白通り
外苑東通り
靖国通り
外堀通り
外苑西通り
青山通り
蔵前橋通り
永代通り
清澄通り
昭和通り
江戸通り
山手通り
駒沢通り
目黒通り
中原街道
日比谷線
目黒線
京成本線
常磐線
西武池袋線
東急東横線
東急大井町線
りんかい線
首都高速9号深川線
首都高速2号目黒線
首都高速1号羽田線
首都高速3号渋谷線
林試の
森公園
明治神宮

汽車専用となっていたが、昭和三年（一九二八）に王子方面を短絡する中里隧道が完成するとともに、この隧道は利用されなくなった。当時の地図には、富士見橋の南に坑門だけが記してある不思議な光景が再現されている。単なる空洞となった道灌山隧道は、終戦から数年後、瓦礫で埋められた。しかし田端側の坑門だけが、なぜか今も顔を覗かせているのだ。廃駅だけではない、廃トンネルにもドラマが潜んでいた……。

おもな参考文献

内藤正敏『魔都江戸の都市計画』洋泉社（平成八年）
有坂蓉子『ご近所富士山の「謎」』講談社（平成二十年）
山田雄司『崇徳院怨霊の研究』思文閣出版（平成十三年）
神田明神史考刊行会編『神田明神史考』（平成四年）
橋爪紳也『増補　明治の迷宮都市』筑摩書房（平成二十年）
浅香勝輔・八木澤壮一『火葬場』大明堂（昭和五十八年）
林英一『近代火葬の民俗学』佛教大学（平成二十二年）
平瀬礼太『銅像受難の近代』吉川弘文館（平成二十三年）
重松一義『図鑑　日本の監獄史』雄山閣（昭和六十年）
重松一義『日本刑罰史年表』柏書房（平成十九年）

本書は黄金文庫のために書き下ろされました。

一〇〇字書評

切り取り線

購買動機（新聞、雑誌名を記入するか、あるいは○をつけてください）	
□（　　　　　　　　　　　）の広告を見て	
□（　　　　　　　　　　　）の書評を見て	
□ 知人のすすめで	□ タイトルに惹かれて
□ カバーがよかったから	□ 内容が面白そうだから
□ 好きな作家だから	□ 好きな分野の本だから

●最近、最も感銘を受けた作品名をお書きください

●あなたのお好きな作家名をお書きください

●その他、ご要望がありましたらお書きください

住所	〒				
氏名		職業		年齢	
新刊情報等のパソコンメール配信を 希望する・しない	Eメール	※携帯には配信できません			

あなたにお願い

この本の感想を、編集部までお寄せいただけたらありがたく存じます。今後の企画の参考にさせていただきます。Eメールでも結構です。

いただいた「一〇〇字書評」は、新聞・雑誌等に紹介させていただくことがあります。その場合はお礼として特製図書カードを差し上げます。

前ページの原稿用紙に書評をお書きの上、切り取り、左記までお送り下さい。宛先の住所は不要です。

なお、ご記入いただいたお名前、ご住所等は、書評紹介の事前了解、謝礼のお届けのためだけに利用し、そのほかの目的のために利用することはありません。

〒一〇一−八七〇一
祥伝社黄金文庫編集長　吉田浩行
☎〇三（三二六五）二〇八四
ohgon@shodensha.co.jp

祥伝社ホームページの「ブックレビュー」からも、書けるようになりました。
http://www.shodensha.co.jp/bookreview/

祥伝社黄金文庫

江戸《えど》・東京《とうきょう》の「謎《なぞ》」を歩《ある》く

平成23年12月20日　初版第1刷発行

著　者　竹《たけ》内《うち》正《まさ》浩《ひろ》
発行者　竹内和芳
発行所　祥伝社《しょうでんしゃ》
〒101－8701
東京都千代田区神田神保町3－3
電話　03（3265）2084（編集部）
電話　03（3265）2081（販売部）
電話　03（3265）3622（業務部）
http://www.shodensha.co.jp/

印刷所　堀内印刷
製本所　積信堂

Printed in Japan　©2011, Masahiro Takeuchi　ISBN978-4-396-31559-7 C0195